Letting go of self-esteem: Creating happiness through psychology

自尊心からの解放

幸福をかなえる心理学

新谷 優

Yu Niiya

誠信書房

目　次：自尊心からの解放——幸福をかなえる心理学

はじめに

人にとって幸福とは何でしょうか。世の中で成功することでしょうか。多くの人に好かれることでしょうか。社会の役に立つことでしょうか。

世界31ヶ国で1万3千人以上の大学生を対象に、人生の満足度を尋ねた大規模な調査[21]があります。これによると、経済的にうまくいっている、家族や友人と良い関係にある、と感じている人ほど、人生の満足度が高いそうです。しかし、金銭よりも、対人関係よりも強く、人生満足度と関連していた項目があります。それは「**自分に対する満足度**」です。自分に満足している人ほど、人生全体についても満足していると回答していました。この調査結果が示しているのは、自分自身を肯定的に評価できる人ほどハッピーな人生を送っている、ということです。

「自分に対する満足度」や「自分に対する肯定的な評価」のことを心理学では「**自尊心**」と呼びます。日本語で「自尊心」というと、あまり好ましくないイメージがあるかも知れません。「あの人は自尊心が高い」というとき、私たちは傲慢な人やプライドが高い人、自意識過剰だったり自己愛が強かったりする人を連想しがちですが、心理学でいう「自尊心」は、「**自分に対する肯定的な評価や感情**」のことを指します。

自分で自分を認めること。自分を愛すること。自分に誇りをもつこと。そして自分で自分のことを価値のある存在だと評価すること。表現に多少の差はあるものの、これらは全て「自尊心」の部類に入ります。

アメリカでは60年代頃から自尊心ブームが起こり、自尊心を高めるための本や教育プログラムなどが多数提唱されてきました。学校で起こるありとあらゆる問題（不登校・いじめ・自殺・非行など）は、どれも子どもたちの自尊心が低いせいだと考えられ、自尊心を高めることこそ、その解決策だと言われてきました。今現在も、自尊心を高めるためのハウツー本はアメリカに限らず、日本の書店にも多く並んでおり、ベストセラーにもなっています。

しかし、自尊心を高めることは、本当に幸せをもたらすのでしょうか。

「自尊心の高い人ほど幸せである」という先ほどの調査結果は、**相関研究**です。相関関係は必ずしも因果関係を示すものではありません。「自尊心を高めれば幸せになれる」とは必ずしも言えないのです。逆の因果関係、つまり「幸せになると、何でもバラ色に見えてきて、その結果、自尊心も高くなる」可能性もあります。気温の高さとアイスクリームの消費量に相関があった場合、気温が高いほど、アイスクリームの消費は増えますが、アイスクリームをたくさん食べることで気温が上昇すると思う人はいないはずです。それと同じで、幸福感を高めれば自尊心は高まるけれど、自尊心を高めても幸福感は上がらないという可能性もあります。また、何らかの第三の要因が、自尊心と幸せを同時に高めている可能性もあります。もし、高級車を所有し、高価なブランド品を身にまとうことで自尊心も幸せも高まるのだとすれば、筆者のように高級車もブランド品も持たない者は、いくら自尊心を高めたところで、幸せは高まるはずがありません。

多くの人が自尊心を高めれば幸せになれると信じ、そのために日々努力を重ねていますが、本書では自尊心を追い求めることは本当に幸せをもたらすのか、という疑問を呈したいと思います。自己評価を高めることが幸せをもたらすと信じている人ほど、自己評価が下がることに怯え、それを維持することに執着してしまうことも考えられます。それが本当に幸せな生き方なのでしょうか。

本書では、社会心理学の理論や研究結果を紹介しながら、自尊心を追い求めることには様々な弊害があることを明らかにします。そして「**自分は価値のある人間か**」という視点ではなく、「**自分は他者にどのような**

貢献ができるか」という視点をもつことが、自尊心への執着から自己を解放し、逆説的に自分が他者にとってかけがえのない価値ある存在になるための近道であることを示します。

本書の構成は次の通りです。

第1章では、自尊心とは何か、何のためにあるのかについて、いくつかの理論を紹介し、**第2章**では自尊心の効果と弊害について説明します。**第3章**では、問題は自尊心そのものにあるわけではなく、自尊心に対する執着が、自尊心を脆《もろ》くさせていることについて述べます。**第4章**では、自尊心への執着に対抗するには、学び・成長したいという姿勢（**学習志向性**）が有効であることに着目し、学習志向性が自尊心の脆さを軽減できるかを検討した研究を紹介します。**第5章**では、いよいよ自尊心への執着から解放されるための方法を提案します。他者に対して思いやりをもち、他者の幸せに貢献しようとすることが、自己を自尊心から解放し、幸せには欠かせない心理的なニーズを満たすことを示します。**第6章**では、他者を思いやることにはどのような効果があるのかを紹介します。**第7章**は、他者を思いやるときに陥りやすい罠について述べ、**第8章**では他者に対して思いやりをもつための具体的な方法を提案します。

各章末に「**Try it!**」というセクションを設けています。本文の内容を自分に当てはめて考えるための質問や、自分の心理傾向を測定できる尺度を用意しました。知識として客観的に理解するだけでなく、個人の体験として主観的に理解するための手助けになればと願っています。各章を読んだ後、または本書を最後まで読み終えた後に、ぜひ試してみてください。

第1章　自尊心って何？

自尊心と幸福感の関係について考えるにあたり、本章では、まず、自尊心とは何かを説明したいと思います。日本人にとって、「自尊心」という言葉はあまり馴染みがないため、プライドや自己愛、自信などと混同されがちですが、後述のようにこれらは異なった概念です。何がどう違うのかについても述べます。また、自尊心は何のためにあるのか、我々日本人にとって、必要なものなのかを考えていきます。本章を読み終えた時には、漠然とでも、自尊心とは何かがご理解いただけたらと思います。

1　自尊心の定義

自尊心（self-esteem）とは、自分自身を全体的に捉えたときに、自分を好ましいと感じ、価値ある存在だと思う程度のことであり、自己に対する肯定的な評価や感情のことを言います。日本では「自尊心」の他に「自尊感情」という言葉を用いることもありますが、両者は同じものです。ただ、「自尊感情」というと、「自分に対する気持ち」というニュアンスが強く、「自分に対する評価」という認知的な側面を表わし切れない気がするので、本書では「自尊心」という言葉を用いることにします。

自尊心に似た概念として、「自己評価」があります。自己評価も自尊心と同義で使われることが多いようですが、厳密には自尊心は、全体としての自分自身の評価であるのに対し、自己評価は、特定の領域における自己の評価として区別されます。会社での業績が良いと、仕事面における自己評価が高くなり、その結果、自尊心全体も高くなるといったように、自己評価と自尊心は密接な関係にあります。しかし、自己評価が高くても自尊心が高まらないこともありますし、反対に、自己評価が低くても自尊心は高いこともあります。第2章で詳述しますが、たとえば、外見が魅力的であることが重要だと考えている人は、体重の増減とともに自己評価も自尊心も上下します。しかし、外見に無頓着な人は、自分の外見に対する自己評価は低くても、自尊心は影響を受けません。

2　自尊心はどのように測定するの？

自尊心の測定方法として、心理学で最もよく用いられているのが**ローゼンバーグ**の**自尊心尺度**です（**表1-1、19頁**）。自己に対して、「とても良い」（very good）と感じる場合と「これでよい」（good enough）と感じることがありますが、ローゼンバーグの尺度で測定する自尊心は後者です。つまり、ローゼンバーグの自尊心尺度は、他者と比べて自分がずば抜けて素晴らしいと感じることではなく、他者に引けをとらない程度に、そこそこ良いと感じられる度合いを測定しています。

◎自尊心の測定はややこしい

ある人の自尊心について調べるには、このローゼンバーグの尺度に回答してもらい、その得点を見ればいい……はずなのですが、実は自尊心の測定にはややこしい事情があります。多くの研究では「尺度の点数＝自尊心のレベル」と仮定していますが、これはあくまで仮定であることを念頭に置いておく必要があります。と言うのも、この仮定を揺るがす問題が四つあるからです。

ローゼンバーグの尺度のように、自分で自分のことについて評定する方法を心理学では「**自己報告**」または「セルフレポート」と言いますが、自己報告に共通する問題として、第1に、自分で自分の自尊心を正確に把握できていない可能性があります。特に自尊心に関しては、私たちは「**ポジティブ幻想**」を抱いている可能性が指摘されています。ポジティブ幻想とは、自分を現実以上に肯定的に捉える傾向のことを言います。日々の困難に打ち克ち、たくましく生きていくために、私たちは現実をバラ色のメガネを通して見ており、自己に関しても「自分は良い人間だ」と感じられるようになっているというのです。「自分は価値のある人間だろうか」と考える時に、失敗よりも成功の記憶がより多くよみがえり、人に好かれている自分の姿が脳裏に浮かぶようにできているのです。自尊心を測定しているつもりでも、実はポジティブ幻想の度合いを測定している可能性があります。

また、第2の問題として、自分をよく見せたいという**自己呈示動機**があります。ポジティブ幻想は、自分で自分のことをよく思いたいという動機によるものであるのに対し、自己呈示動機は他者に自分のことをよく見せたいという動機です。根暗なヤツだと思われたくない、自信のない人だと思われたくない、という気持ちから、尺度で本当は「1」だと感じていても、「2」や「3」に○をつけてしまうことがあります。また、自分は素晴らしいと言うのはおこがましいと感じ、本当の気持ちは「5」なのに、あえて控えめに「4」に○をつけることもあります。これも自己報告の尺度でよく見られる問題ですが、特に自尊心尺度ではどのような回答が望ましいかが明らかなので、回答にバイアスがかかりやすいと考えられます。

さらに第3の問題として、自尊心の認知的な側面と感情的な側面の両方を尺度が捉えられるかという疑問があります。机に座って質問項目を前に自分を評価するときは、認知的な評価の方が、感情的な評価よりも強くなると考えられます。つまり、尺度の得点は冷静に頭で分析した思考の結果としての回答であり、自分に対する生の感情は回答に反映されていない可能性があります。自尊心として自己報告の尺度で数値化されたものは、実は自尊心の一側面しか捉えられていない可能性があります。

自尊心を測定する際に残る最後の問題点として、人は日常的にどのくらい自尊心を意識しているのか、という疑問があります。筆者の学生が「ゼミに入るまで、自尊心なんて考えてみたこともなかった」と言うのを耳にしたことがあります。自尊心は普段はあまり意識しないものなのかも知れません。それを測定する際に、あえて意識させ、質問項目に回答させるわけですから、その過程で元の自尊心とは異なった「不純物」が紛れ込んでいるかも知れません。

ローゼンバーグ尺度は、自尊心の最も手軽な測定方法として多くの研究で使われていますが、以上のような問題があることから、自尊心を完璧に測定できているわけではないのです。

◎無意識的な自尊心を測定する

自分のことを良く見せたいという自己呈示動機の影響を避けるために、無意識的な自尊心を測定しようという試みもあります。意識された自尊心は**顕在的自尊心**と呼ばれるのに対し、無自覚な自尊心は**潜在的自尊心**と呼ばれます。

潜在的自尊心を測定する方法として、よく用いられるのが**潜在的連合テスト**（Implicit Association Test：**IAT**）です。1998年にグリーンワルドらが開発したテストで、概念同士の連合の強さを測定し比較することで、意識されていない心的な表象を捉えることができるとされています。実験参加者はコンピュータで提示される言葉を二つのカテゴリーにできるだけ速く、間違いのないように分類することが求められます。提示される言葉は、以下の四つのカテゴリーからなります。

（1）自分を表わす言葉（自分・自己・私など）
（2）他者を表わす言葉（他者・他人・彼など）
（3）ポジティブな言葉（嬉しさ・愛情・平和・楽しみな・素晴らしいなど）
（4）ネガティブな言葉（苦悩・ひどい・恐ろしい・失敗など）

一つ目の課題では、これらの言葉を一つずつランダムにコンピュータで提示し、「自分を表わす言葉」あるいは「ポジティブな言葉」であれば、左手でキーボードのEボタン、「他者を表わす言葉」あるいは「ネガティブな言葉」であれば、右手でキーボードのIボタンを押してもらいます。

二つ目の課題では、今度は「自分を表わす言葉」あるいは「ネガティブな言葉」であれば、左手でキーボードのEボタン、「他者を表わす言葉」あるいは「ポジティブな言葉」であれば、右手でキーボードのIボタンを押してもらいます。

一つ目の課題と二つ目の課題の速度を比較し、一つ目の課題のスピードが速いほど、「自分」と「ポジティブ」の連合が、「自分」と「ネガティブ」の連合よりも強い、つまり、自分をポジティブに捉えているということになります。これを**潜在的自尊心の指標**としています（実際のIATでは、カテゴリーの位置や課題の順番の効果を統制するため、何度も似たような練習課題を課しますが、ここでは説明を割愛します）。

また、潜在的な自尊心を測定する別な方法として、**名前文字効果**を用いた測定方法があります。

・突然ですが、あなたはA～Zのアルファベットの中でどの文字が一番好きですか。
・ひらがな50音の中では、どのひらがなが一番好きですか。

人は自分の名前に含まれている文字の方が、含まれていない文字よりも好きだと評定する傾向があると言われています。筆者（にいやゆう）の場合は「に」や「ゆ」、「N」や「Y」の方が「さ」や「と」、「S」や「T」よりも好きです。しかし、「佐々木朋子」さんの好みは、おそらく筆者とは逆でしょう。自分の名前に含まれない文字よりも、自分の名前に含まれる文字の方が好きだという傾向のことを**名前文字効果**と言います。この傾向が強い人ほど、自分のことが好き、つまり**潜在的自尊心**が高いということになります。数字でも同じように、自分の誕生日に含まれる数字の方が、そうでない数字よりも好まれるという現象があり、潜在的自尊心の指標として用いられることがあります。

困ったことに、顕在的自尊心と潜在的自尊心の相関は低いことが多くの研究で示されています。ホフマンら[30]は、顕在的自尊心と潜在的自尊心の両方を測定した研究のメタ分析を行いました。メタ分析とは、似たような研究を可能な限り集めてきて、全てのデータを一つにまとめたとしたら、どのような結果になるかを推測する研究方法です。彼らのメタ分析では、顕在的自尊心と潜在的自尊心の相関は、平均で.19であることが報告されています。相関は統計の指標の一つで、二つの変数にどのくらい強い関係があるかを示しています。相関は－1.0から＋1.0までの値をとり、＋1.0に近づくほど強い正の相関（つまり、一方の変数の値が大きくなれば、もう一方の変数の値も大きくなる傾向が強いこと）になり、逆に値が－1.0に近づくほど強い負の相関（一方の変数の値が大きくなれば、もう一方の変数の値が小さくなる傾向が強いこと）になります。相関の値が0に近いと、二つの変数は無相関、つまり、一方の変数の値が大きくなっても、もう一方の変数の値については、予測がつきにくいことを意味します。ホフマンらの研究では、顕在的自尊心と潜在的自尊心の相関は一応、正の値をとっているので、一方が高ければ、もう一方も高い傾向があると言えるわけですが、この相関があまり強くないことから、「**顕在的自尊心は高いが、潜在的自尊心は低い人**」や、逆に「**潜在的自尊心は高いが、顕在的自尊心は低い人**」も少なからずいることになります。

顕在的自尊心と潜在的自尊心のどちらがより「本当の」自尊心を測定しているかは議論が分かれます。顕在的自尊心には、先にも述べた通り、**自己呈示動機**などによるバイアスがかかっている可能性がありますが、潜在的自尊心に対しても、言葉の連合や文字の好みがどの程度自尊心を捉えているかは疑問が残ります。どちらも自尊心の一側面を捉えているといった認識が最も妥当かも知れません。

3　自尊心にも色々ある

自尊心は自分自身を全体として肯定的に評価する度合いであると定義されますが、自尊心をより細かく分けて理解すべきだと主張する研究者もいます。自尊心全体を扱っていては見えないことも、自尊心を様々な側面に分類することで、新たな発見につながることがあります。以下に、自尊心の「種類」をいくつかご紹介します。

（1）**自己好意と自己有能感**：自尊心には感情的な側面と、評価的な側面があることから、タファロディとスワン[49]はこれらを分けて考えることを提唱しました。自己好意は、自分自身をどのくらい好きかといった感情的な側面であるのに対し、自己有能感は、様々な成功経験などをもとに形成される自分の能力に対する評価的な側面です。自己好意と自己有能感には高い相関があり、どちらもローゼンバーグの自尊心尺度の得点と高い相関が報告されています。

（2）**特性自尊心と状態自尊心**：ローゼンバーグ尺度で測定する自尊心は個人の性格特性と同じように、人それぞれが恒常的にもつ自尊心であり、高い人もいれば低い人もいると考えられています。これに対し、状態自尊心はその時々の状況に応じて個人内で変動する自尊心を指します。一人の人間でも、昇進が決まったときは自尊心が高まり、プロジェクトが失敗に終わった時に自尊心が低下することもあり、状況によって変動する部分が状態自尊心です。つまり、私たちの今現在の自尊心は、「個人特性の自尊心」に「状態自尊心」を足した（あるいは引いた）ものであると考えることができます。

（3）**安定した自尊心と不安定な自尊心**：人によって、自尊心の変動幅が大きい人と、あまり変動のない人がいます。日々の出来事によって、状態自尊心がコロコロと変わる人もいれば、周りの状況に左右されずに比較的安定した自尊心を持ち続ける人もいます。自尊心の高さよりも、その安定度の方が心理的な健康やモチベーションに関係するというデータもあり、不安定な自尊心ほど、脆弱で傷つきやすい自尊心であることが明らかになっています。

このように自尊心には様々な側面があり、またその測定方法も多様です。自尊心が色々な角度から研究されてきたのは、自尊心が人の精神的健康に重要な役割があると考えられてきたためだと言えます。

4　自尊心でないもの

ここではあえて自尊心ではないものに注目したいと思います。自尊心に関連しつつも、自尊心ではないものについて、その共通点と違いを説明します。自尊心と自尊心でないものの違いをはっきりさせることで、自尊心にまつわる誤解を解くとともに、自尊心の本質についてより正確に理解することができるはずです。

（1）**自己愛（ナルシシズム）**：自己愛は通常、幼少期に発達過程として見られる現象です。二、三歳の子どもは、注目されたいという欲求が強く、自分は「世界で一番強いスーパー・ヒーロー」だと思ったり、「世界一美しいお姫様」だと信じており、また、周りの人も自分をそのように見ていると信じています。幼児期の養育環境が安定していると、子どもは成長するにつれ、より現実的な自己評価をするようになり、「現実の自分」と「理想・空想の自分」を分けて考えることができるようになります。大小様々な成功や失敗を経験することで、「スーパー・ヒーローでない自分」、「世界で一番可愛いとは言えない自分」でも、十分価値があると思えるようになり、それが自尊心に変化していきます。

また、自己愛は思春期・青年期に再び高まる傾向にあります。この頃の自己愛も、他者の注目を浴びたいという欲求と、優越感・有能感に特徴づけられます。自分が完璧でありたいという欲求が強いため、失敗や批判に過度に防衛的になるばかりか、常に他者からの賞賛・承認が得られないと自己が脅かされたと感じ、攻撃的になったり、愚痴っぽくなったり、不安定になったりします。しかし、思春期・青年期の自己愛も、現実の成功体験を重ねていくうちに治まります。ただし、この時期に確固たる自尊心をもつことができないと、常に他者からの注目・賞賛を集め、優越感を感じずにはいられない病的な自己愛となります。自尊心と自己愛の根本的な違いは、自尊心は現実の自己評価に根差したもので、実際の成功経験を積み重ねることで生まれるのに対し、自己愛は現実からかけ離れた非常に脆い優越感であることです。自己愛はローゼンバーグ尺度で測定した自尊心と正の相関がありますが、潜在的自尊心とは相関がありません。

（2）**プライド**：日本語で言うプライドは、使われ方によって、実は様々な概念を表わしています。「仕事で手抜きをするなんて、自分のプライドが許さない」と言うときは、「誇り」という意味で使われていますし、「プライドを賭けた戦い」というときは、「面子《めんつ》」という意味で使われていると言えるでしょう。「もっとプライドをもて」という時は、「自信」という意味が含まれますし、「あの人はプライドが高い」というときは、決して褒め言葉ではなく、「見栄っ張りな人」「扱いにくい人」というニュアンスが含まれます。

心理学では、プライドは感情の一つとして研究されています。**トレイシーとロビンズ**[52]はプライドには二種類あるとしています。偽物のプライドは、自己愛と高い相関があり、優越感や虚栄心が含まれます。偽物のプライドを感じやすい人は、他者からの評価に過度に反応し、簡単に傷ついたり、反発したりします。これは自尊心が低い人の特徴にもよく似ています。偽物のプライドをよく感じる人は、扱いにくい人であるといえます。一方、本物のプライドを感じる人は、自信があり、生産性が高いなど、自尊心の高い人に似ている点が多く、本物のプライドと自尊心は高い相関が報告されています。

（3）**自信**：心理学では自信のことを**自己効力感**（self-efficacy）と言います。「やればできる」と思うことです。人は大小の成功経験を積み重ねることで、自己効力感を高めていきます。逆に、どんなに頑張っても失敗ばかりしていると、自己効力感が減少し、効力感がゼロになると、**学習された無力感**を経験することになります。無力感の状態では、やれば必ずできるような課題に対しても、自分にはできないと感じてしまい、行動を起こさなくなってしまいます。自尊心の低い人ほど自己効力感が低いことがわかっています。自己効力感は、自尊心の一要素である自己能力感とほぼ同じ概念であると言えます。

（4）**自分を大切にすること**：自分を大切にする気持ちを、心理学ではセルフ・コンパッション（self-compassion）と言います。これは困難な状況において、自分に対して思いやりの気持ちをもって接することを指します。**セルフ・コンパッション**にはマインドフルネス・自分に対する優しさ・人としての共通体験の三つの側面があります[40]。マインドフルネスは困難な状況において、自分の苦しみや辛さに飲み込まれることなく、ありのままに受け止められることです。自分に対する優しさは、文字通り、苦しんでいる自分を非難することなく、自分を労わり、優しく接することです。人としての共通体験は、自分だけが困難や苦痛を経験していると考えず、他の人も経験しうるものと考えることです。セルフ・コンパッションは自尊心と相関がありますが、自尊心が自己愛と強い相関があるのに対し、セルフ・コンパッションは自己愛との相関がほとんどなく、自尊心よりも健全な自己との関わり方であると言われています。つまり、自尊心には他者に対する優越感に特徴づけられる自己愛的な不適応な部分と、他者を思いやるように、自分も思いやる適応的な部分があると言えます。

5　自尊心は何のためにあるの？

では自尊心は何のためにあるのでしょうか。「自尊心が高い方が幸せだから」「その方がやる気も出るから」というのも理由の一つですが、ここではもう一歩踏み込んで、人としてなぜ自尊心が必要なのかについて説明する理論を二つ紹介したいと思います。

◎死の恐怖を和らげる

まず一つ目の理論は、自尊心は死の恐怖を和らげるためにあるとする、**存在恐怖管理理論**[47]です。高度な知性をもつ人間は他の動物とは異なり、自分がいつか必ず死ぬことを知っています。それは大きな不安と恐怖をもたらします。それでもこの根源的な恐怖や不安に押しつぶされずに日々の生活を送ることができるのは、私たちの所属する社会集団、そして私たちの人生に価値があると思うことができるからです。自分の所属している集団社会に思想的・宗教的・文化的な価値を見出し、それと一体化することで、たとえ自分が死んでも、自分の所属している集団は永遠に存続すると感じ、死の恐怖を緩和しているのです。自尊心は、自分が価値を置く社会集団の中で、自分がどのくらい価値のある存在なのかを示すものなので、自尊心が高いほど、死の恐怖が緩和できると言われています。

この理論を聞いてもあまりぴんと来ないかも知れません。私たちは自分が死ぬことについて、普段からそれほど意識していませんし、死の恐怖を経験することも滅多にありません。しかし、存在恐怖管理理論によると、死の恐怖は無意識的に働いているため、意識的に恐怖におののくことがなくても、私たちは無意識的に死の恐怖に対処しているというのです。この理論を支持する数多くの実験データ[26]があります。詳しく書かれた日本語の本もありますので、詳細はそちらに譲りますが、人は死を喚起されると、自己の所属する集団を高く評価する半面、他者集団に対して攻撃的になることが多くの研究で示されています。しかし、自尊心を高める操作をしておくと、死を喚起しても、自己集団を高め、他者集団を貶めるような行動がなくなることから、自尊心は死の恐怖を取り除く効果があると言われています。

◎他者からの受容度を表わす

自尊心の役割を説明する二つ目の理論は、**ソシオメーター理論**です。**リアリーら**[33]は、自尊心は自分が他者からどのくらい受け入れられているのかを示す計測器（メーター）のようなものだとしています。「社会」（society）の「計測器」（meter）なので、ソシオメーターという名前がついています。人は他者とのつながりがなくては生きていくことができません。特に太古の昔では、集団から排除されてしまっては、文字通り、生き延びることができませんでした。人は、社会の一員として、自分が他者にどのくらい受け入れられているのか、他者との関係性の中で自分がどのくらい価値のある存在なのか、常に監視しておく必要があったわけです。そこで、他者からの受容度を瞬時に知らせてくれる「自尊心」という機能を発達させたと言われています。何か失敗をしたときや、周りの人にバカにされたとき、自尊心が下がりますが、自尊心の低下は他者との関係性が悪くなっていることを示す警告になります。そこで、私たちは失敗の穴埋めをしたり、周囲の人が感心するような行動をとるなどして、他者との関係性を修復しようとします。つまり、自尊心という計測器を見ることで、自分が他者とどれだけうまくやれているかがわかるという仕組みになっているわけです。

自尊心は他者の受容度（拒絶度）を示すというソシオメーター理論を裏付ける研究も数多くあります。ある実験[34]では、参加者に「自分はどのような人間だと思うか、どのような人間になりたいと思うか」について作文を書かせ、半分の参加者には、「別の参加者にあなたの作文を見せたところ、次の課題をあなたと一緒にやりたいという人がいなかったので、次の課題は単独でやってください」と伝えます。もう半分の参加者には、「あなたに好感をもったこの三人と一緒に次の課題をやってください」と伝えます。実際は、作文の内容とは関係なく、参加者はランダムに二つのグループに分けられていましたが、参加者は他者に受容または拒絶されたと感じていたわけです。その後、参加者の自尊心を測定したところ、他者から拒絶された参加者の方が、他者に受容された参加者よりも自尊心が著しく低くなっていることがわかりました。これはソシオメーター理論を支持する結果であり、自尊心が低いから他者に拒絶されるのではなく、他者に拒絶されるから自尊心が低くなることを示しています。

6 日本文化と自尊心

アメリカでは**セルフ・エスティーム（self-esteem）**は日常語として使われており、一様にポジティブなイメージがありますが、日本の「自尊心」は日常語としてあまり馴染みがないばかりか、自己愛・傲慢など悪いイメージも伴うようです。もともと日本語に「自尊心」という言葉はなく、明治維新のときに新たに作られた言葉だと言われています。

欧米文化、とくにアメリカでは、自己を優れた好ましい存在だと思いたい気持ち（自己高揚動機）が強く、人々は自尊心を高く維持するための方略をとることが知られています。たとえば大事な試験に合格したとき、アメリカ人の多くは「自分に優れた能力があるから合格した」と考え、自尊心を高揚させます。逆に不合格になってしまった場合は、「試験問題が悪かった」「運が悪かった」と考え、自尊心を守ろうとします。「自分に能力がなかった」と考えると、自尊心にとって脅威になってしまうためです。

一方、日本では、自尊心が高まるような出来事が生じたとき（たとえば職場で同僚よりも早く昇進したときなど）も、それが自分の能力や努力によるものではなく、周りの人の応援や運によるものだと謙遜する傾向があります。逆に失敗をしたときなどは、「自分に能力がなかった」「見通しが甘かった」など自分の非を認めるばかりか、応援・協力してくれた周りの人々の期待に添えなかったことに対して謝ったりもします。アメリカ人が自己高揚的であるのに対し、日本人は自己批判的な言動をとる傾向があります。

◎自尊心にこだわるのは欧米人だけ？

日本人に自己高揚動機が見られないことから、自尊心にこだわるのは欧米人だけで、日本人は自尊心を必要としていないと主張する研究者[29]がいます。

欧米文化では、自己は他者から切り離された独立した存在であり、自己は個人の内的な特性（能力や性格特性など）によって定義されています。マーカスと北山[35]はこれを「**相互独立的自己観**」と呼んでいます。自分が自分であるためには、自分にどのような能力があり、どのような個性をもっているかをアピールする必要があります。その際に、ただ他者と異なった才能をもっているというだけでなく、できれば他者よりも抜きんでた才能をもっていることをアピールすることも重要になります。相互独立的な自己観が優勢な欧米文化では、自己高揚方略をとり、自尊心を高く保つことが必須であると言えます。

これに対し、日本をはじめ、多くの東アジアの文化圏では、自己は他者との関係性の中で定義されます。マーカスと北山はこれを「**相互協調的自己観**」と呼んでいます。自分が何者であるかは、他者との関係性の中で規定されます。自分が積極的な性格なのか、おしゃべりなのか、寡黙なのか、優れているのか、劣るのかは、引っ込み思案なのか、自分が今誰といるかによって決まります。「積極的で明るくておしゃべりな自分」というのは、自分個人の中にある特性ではなく、たとえば職場での関係の中にあるわけです。同じ人が家族との関係の中では、「静かで、おっとりしていて、引っ込み思案」であることもあります。相互協調的自己観が優勢な文化では、自分の優れた点をアピールするよりも、自己批判をし、自分の足りない部分に注意を向け、努力してそれを補うことで他者との関係を維持・向上させることが重要課題となります。自己高揚方略は必要ないばかりか、他者との関係を悪化させるリスクがあるので、避けなければなりません。自尊心を高く維持することよりも、他者との関係を維持することの方が重要だと言えます。

日本人が自己高揚しないのは、日本人にとって自尊心が重要でないからだと主張する研究者がいる一方、日本人が自己高揚しないからと言って、日本人は自尊心を必要としないとは言えないと主張する研究者もいます。日本人が自己高揚しない理由として、村本[39]は他に三つの可能性をあげています。これら三つの理由は、どれも日本人に自尊心は必要ないという前提をおいていません。たとえばボンドら[7]は、日本人が自己高揚しない（または自己卑下する）のは、東アジアの文化が儒教の影響を強く受けているため、謙遜を美徳としているためであるとしています。つまり、心の中では自尊心を高くもっていても、それを公言するのは未熟で好ましくなく、謙虚であるべきだという規範から、あえて自己卑下的な自己呈示を行っているという考えです。この考えに合致する知見として、山口ら[54]はＩＡＴで日本人・アメリカ人・中国人の潜在的自尊心を測定し、日本人の潜在的自尊心はアメリカ人や中国人と比べても低くないことを示しています。さらに、自己と自己の所属する集団（内集団）のカテゴリーを用いた分類では、日本人の方がアメリカ人や中国人よりも、自己とポジティブな言葉を連合させる傾向が強い、つまり潜在的自尊心が高いという結果も報告しています。従来のローゼンバーグ尺度などで測定した顕在的自尊心は、日本人の方がアメリカ人や中国人よりも極端に低かったことを含めて考えると、日本人は心の奥では自尊心を高くもっているものの、それを表に出さないでいる可能性が考えられます。

◎間接的に自尊心を高める日本人

また、村本によると、日本人は自分で自分の自尊心を高めようとせず、他者から好意的な評価を得ることで、間接的に自己高揚することが考えられます。自分で「全然だめなんです」と控えめな姿勢を見せていれば、他者が「いえいえ、すごいじゃないですか」と褒めて自尊心を高めてくれるというのです。実際、日本人でも、とても親しい間柄（身内）や、疎遠な関係（他人）では相互配慮する必要がないため、自己卑下をしないことが確認されています。村本の理論では、自尊心を高めるための方法が文化によって異なるものの、日本人も自尊心を高めようとしていることになります。

さらに、鈴木・山岸[48]は、日本人が自己卑下的なのは、そのような行為が日本社会では有利であるためだという見方をしています。つまり、日本の社会システムが、自己卑下をする人が得をするようにできているため、日本人は自己卑下をするようになったと言うのです。実験で日本人に、自分のテストの結果が平均以上か平均以下かを予測させると、通常は「自分は平均以下である」と答えるのに対し、「正確な予測をすればボーナスがもらえる」と説明すると、「自分は平均以上である」と答えるようになることがわかっています。この研究によると、自己高揚も自己卑下も、自尊心のために行っているというよりは、自己利益のために行っているということになります。

以上の議論をまとめると、日本人に自尊心は必要ない、とは言い切れないことがわかります。文化・社会によって、自尊心が高まる状況や、自尊心を高める方法、自尊心の表現方法が異なったりしているものの、恐怖管理理論やソシオメーター理論にあるように、自尊心は人として必要であると考えるのが妥当と言えるでしょう。

Try it! ①

1 自分の自尊心はどのくらいでしょうか。自分は自尊心が高い方でしょうか。低い方でしょうか。以下の選択肢の中から一つを選んでみてください。

私の自尊心は他の人と比べて……

（　）とても高い方だと思う
（　）どちらかというと高い方だと思う
（　）同じくらいだと思う
（　）どちらかというと低い方だと思う
（　）かなり低い方だと思う
（　）わからない

2 次に、表1-1の各項目が、あなた自身にどの程度あてはまるかを答えてください。他からどう見られているかではなく、あなたが、あなた自身をどう思っているかをありのままに答えてください。

表1-1で測定した自尊心のスコアは、あなたが予測した自尊心と同じだったでしょうか。異なっていたでしょうか。予測と違ったとしたら、それはなぜでしょう。

（　　　　）

表１－１　ローゼンバーグの自尊心尺度

		あてはまらない	ややあてはまらない	どちらともいえない	ややあてはまる	あてはまる	スコアの計算表
1	少なくとも人並みには価値のある人間である。	1	2	3	4	5	(　)
2	色々な良い素質を持っている。	1	2	3	4	5	(　)
3	敗北者だと思うことがある。*	1	2	3	4	5	(　)
4	物事を人並みには、うまくやれる。	1	2	3	4	5	(　)
5	自分には自慢できるところがあまりない。*	1	2	3	4	5	(　)
6	自分に対して肯定的である。	1	2	3	4	5	(　)
7	だいたいにおいて、自分に満足している。	1	2	3	4	5	(　)
8	もっと自分自身を尊敬できるようになりたい。*	1	2	3	4	5	(　)
9	自分は全くだめな人間だと思うことがある。*	1	2	3	4	5	(　)
10	何かにつけて、自分は役に立たない人間だと思う。*	1	2	3	4	5	(　)

［Rosenberg（1965）、山本・松井・山成訳（1982）］　　計 ＿＿＿

＊のついた項目（３、５、８、９、10）に関しては、１→５、２→４、４→２、５→１にスコアを変換（心理学ではこれを「逆転」という）した上で、すべての項目のスコアを足してください。

自尊心スコアは10～50点となります。このスコアが高ければ高いほど、自尊心が高いということになります。ちなみにハイネ[29]が1657人の日本人から集めたデータでは、平均が31点でした。さて、あなたの自尊心はどの程度だったでしょうか。

3 ローゼンバーグの尺度は自尊心をうまく測定できていると思いますか。自尊心が高くても、この尺度のスコアが低くなることがあります。それはどのような場合でしょうか。

（　　　　　　　　　　）

4 この尺度のスコアが50点（満点）だった人がいるとします。それはどのような人でしょうか。その人のイメージを思いつくままリストアップしてみましょう。

（　　　　）（　　　　）（　　　　）

（　　　　）（　　　　）（　　　　）

その人をあなたの部下にしたいですか。あなたの上司だったらどうでしょうか。その人をあなたの恋人にしたいと思いますか。

（　　　　　　　　　　）

5 あなたは自尊心をもっと高めたいですか。自尊心が高かったらどのような利点があると思いますか。そのために、どのようなことをしていますか。

（　　　　　　　　　　）

第2章　自尊心の効果と弊害

自尊心についての理解が深まったところで、いよいよ自尊心の効果について考えてみたいと思います。自尊心の高い人ほど幸福感が高いことはわかっていますが、では自尊心を高めれば幸せになれるのでしょうか。本章では、自尊心の利点について考えるとともに、今まで見落とされがちだった自尊心の弊害についても紹介します。

1　自尊心を高める利点

大事な仕事で成功を収めた時、コンテストで入賞した時、自分の努力が認められて表彰された時など、私たちの自尊心は高まります。そのため、成功や社会的受容が自尊心を高めるだけでなく、自尊心を高めることが成功や社会的受容をもたらすような印象を受けます。実際、自尊心を高めると、そのような良い結果が得られるようになるのでしょうか。

ボーマイスターら[5]は自尊心の効果について調べた論文を集め、自尊心が学校での成績・仕事での業績・対人関係・幸福感やうつ傾向・身体的健康にどのような影響があるのかを調べました。その結論は、多くの人の予想とは裏腹に、自尊心を高めても良い効果は期待できない、というものでした。

◎自尊心を高めたら成績が良くなる？——自尊心と学業成績の研究

まず、学業に関しては、自尊心と学校での成績にある程度の正の相関は見られるものの、因果関係を裏付けるデータは少ないことが報告されています。**128の研究**を集め、**20万人以上のデータ**を検討した研究[27]によると、自尊心と学業成績の相関は平均で .21 から .26 だそうです。しかし、単なる相関では、自尊心が高いから成績が良くなったのか、あるいは成績が良くなったから自尊心が高くなったのか、さらには何か別の変数が双方を高めているのかわかりません。そこで**ボーマイスターら**は時間を追って自尊心と学業成績を測定した研究を集めました。1966年に10年生（日本でいう高校1年生）だった1600人を対象に、1974年まで数回にわたって行われた調査[4]では、高校時代の自尊心は、最終学歴と .07 の相関しかないことが報告されています。さらに、1986年の調査では、最終学歴は主に親の社会経済的地位とIQ、そして低学年の時の成績によるもので、自尊心はほとんど関係がない、という結論に至っています。700人の生徒を4歳から15歳まで継続的に調べた調査[37]でも、自尊心と学業成績には直接的な因果関係はなく、子どものIQと親の社会的地位が自尊心と学業成績の両方と関連があるために、あたかも自尊心と学業成績の間に関連があるように見えているに過ぎないことがわかっています。

因果関係を調べる最適な方法は、自尊心をトレーニングなどで高め、その後の成績を測定することですが、そのような論文は非常に数が少なく、ボーマイスターらはその数の少なさこそ、自尊心が学業成績に影響しないことの証拠ではないかとしています。唯一の例外として紹介されている研究[24]では驚きの結果が得られています。その研究では、学期初めに成績の悪かった大学生（成績がC、D、または不可だった学生）を三つのグループに分けました。教員は、どのグループの学生にも毎週、復習問題をメールで送ったのですが、二つ目のグループにはさらに「君次第で成績は良くなる」という励ましのメッセージを送り、三つ目のグループには「君は立派だ」といった内容の自尊心を高めるようなメッセージを送りました。さて、どのグルの学生が最も成績を伸ばしたでしょうか。

成績がCだった学生にはメッセージの効果は見られなかったものの、Dまたは不可の成績だった学生に関しては驚くことに、自尊心を高めるようなメッセージを受けたグループの方が、他のグループよりも成績が低くなっていたのです。これはつまり、良い成績を得るから自尊心が高まるのであって、自尊心だけ高めても成績は高まらないことを示しています。

◎自尊心が高まると仕事ができるようになる?

残念ながら、仕事の業績においても、自尊心の効果はほとんど見られていません。実験室で、自尊心の高い人と低い人に非言語課題をさせた研究[6]では、両者にパフォーマンスの差はありませんでした。唯一差が見られたのは、失敗後に課題にどの程度取り組み続けるかでした。自尊心の高い人の方が、低い人よりも、失敗後も課題に再チャレンジする傾向があるようです。ただし、課題に継続して取り組むことが得策でない場合(たとえばすでに数回失敗している場合や、他に方法がある場合など)は、自尊心の高い人の方が課題をより早くに放棄することもわかっています。自尊心の高い人の方が、失敗にうまく対処していることから、仕事のパフォーマンスも高くなると考えられますが、実際には自尊心が仕事のパフォーマンスを高めるという決定的なデータは存在しません。

663人の従業員を**8ヶ月間**、さらに別の**6000人**の従業員を**2年間**にわたり調査した研究[31]では、自尊心が高い人ほど、仕事での満足度が高く、仕事環境も良く、仕事のストレスが少なくなるという結果が得られており、この調査を行った研究者は、自尊心は仕事に良い効果がある、と結論づけています。しかし、彼らが測定した仕事での満足度や、ストレス、仕事環境の善し悪しはどれも自己報告であるため、自尊心の高い人ほど、仕事が順調だと感じてはいるものの、客観的に見て、仕事が順調であるかは定かではありません。

収入や部下の有無など、自己報告であっても、より客観的な指標では、自尊心との関連が見られなかったという結果を合わせて考えると、やはり自尊心が仕事の業績を向上させるとは言えないようです。

◎自尊心を高めたら人間関係がうまくいく？

対人関係においても、自尊心はあまり役に立たないとボーマイスターらは結論づけています。自尊心の高い人ほど、「自分は人に好かれている」と感じ、「対人関係もうまくいっている」と感じるのですが、自尊心の高い人ほど、実際、他者に好かれ、良好な対人関係を築いているわけではないようです。たとえば、学校で人気のある生徒とそうでない生徒の自尊心には差がなく、クラスメイトが評価する生徒の人気度と自尊心には相関がないそうです。また、大学の寮のルームメイトを対象にした調査[9]では、自尊心の高い人ほど、自分は相手に好かれていると思う傾向があり、相手を上手にサポートできていると報告しているにもかかわらず、自尊心の高さとルームメイトからの評定には相関が全くないという結果が得られています。さらに、実験室で初対面の人同士に会話をさせる研究[8]でも、自尊心の高い人ほど、相手に好かれたと感じるのに対し、相手が評定する好感度は、本人の自尊心と全く関係がないそうです。つまり、自尊心の高い人は、自分は対人関係がうまくいっていると思っていても、実際、他者から見れば、特に対人関係に長けているわけではないようです。

最近では、**961人**の青少年を**5年間**にわたり調査した研究[36]があります。**自尊心とソーシャル・サポート**（困ったときに自分を助けてくれる人や、自分のことを本当に大切に思ってくれている人がどのくらいいるか）の関係を調べたところ、自尊心の高い人ほどソーシャル・サポートの質が良く、またサポートのネットワーク・サイズも大きくなることがわかりました。また、16歳から97歳の**1800人以上**のアメリカ人を**12年間**かけて5回にわたり調査した研究では、自尊心の高い人ほど対人関係の満足度が高くなるのに対し、対人関係の満足度は自尊心を高めないことが報告されています。**オースとロビンズ**(45)はこれらの結果から、自尊心には対人関係を促進する効果があると結論づけていますが、仕事のパフォーマンスの結果と同様、これらの研究で用いられている対人関係の指標はどれも自己報告であり、実際に対人関係が良くなっているのか、良くなっていると思うだけなのかは、はっきりしないという問題が残ります。

◎自尊心は精神的健康に良い？

では、自尊心と精神的健康に関してはどうでしょうか。自尊心の高い人ほど、自分は幸せであると評定する傾向があることは、本書の冒頭でも述べました。自尊心と幸福感の相関は高いのですが、残念ながら幸福感は自己報告で尋ねるしか方法がなく、自尊心の高い人が本当により幸福なのか客観的に調べることができません。自尊心の高い人ほど自分は人に好かれていると感じるのと同じように、全てがバラ色に見えて、自分は幸せだと感じているだけである可能性は排除できません。また、自尊心が高いことが幸せをもたらすのか、幸せだから自尊心も高くなるのか、また何か別の変数（たとえば経済的安定）が自尊心と幸せの両方を高めているのかも、相関からはわかりません。

自尊心とうつに関しては、自尊心の高い人ほどうつになりにくいことがわかっています。また、自尊心が高いとストレスに対する耐性が強く、病気になりにくい、という**バッファー仮説**を支持する結果もあります。たとえば**夫婦75組**を**6ヶ月間**にわたり調査した研究(20)では、自尊心の高い人ほどストレスを感じても病気になりにくいことがわかっています。また、実験室で自尊心を一時的に高めると、ストレスを生じさせるような出来事（IQテストでの悪い結果など）に直面しても、不安感や苦痛を感じにくくなることが示されています(26)。しかし、バッファー仮説に関しては、ストレスの有無に関係なく、自尊心の高い人の方が自尊心の低い人よりもうつになりにくいという結果や、反対に自尊心の高い人ほどストレスの有無によって幸福感が大きく上下するという結果もあり、はっきりとした結論は出せないというのが現状です。おそらくストレスに対する反応には、自尊心の高さだけでなく、ストレスの種類や自尊心の安定性などの要因が複雑に絡んでいると考えられます。

これらの研究を包括して言えることは、自尊心の高い人は、学業でも、仕事でも、対人関係でも、うまくいっていると感じる傾向があるものの、実際に全てがうまくいっているわけではない、ということです。自尊心を高めても、思ったほど良い効果は期待できないようです。

2 高すぎる自尊心がもたらす弊害

ここまで、自尊心を高めてもあまり利点はないという研究を紹介してきましたが、自尊心が高いことがかえって弊害になるという研究もあります。

自尊心の高い人は、困難や失敗などで自尊心に脅威を感じると、攻撃的になることがわかっています。**ヒーザトンとヴォ**(28)は自尊心の高い人と低い人を実験室に呼び、半分の参加者には比較的やさしい課題を与え、自尊心に脅威を与えないようにしました。もう半分の参加者には難しい課題を与え、失敗を経験させることで自尊心を脅かし、その後、何も知らない別の参加者に入室してもらい、しばらく会話をさせた後、相手に印象を尋ねました。その結果、自尊心が脅威にさらされていない人たちに対する評価は、概ね良好だったのですが、自尊心が脅威にさらされた人たちに対する評価は興味深いものでした。自尊心の低い人は、脅威を受けると初対面の相手により好意的な印象を与えたのに対し、自尊心の高い人は脅威を受けることで、相手により悪い、攻撃的な印象を与えていました。その後の研究でも、自尊心の高い人は、自尊心が脅かされるような失敗を経験すると、他者に対して高慢で横柄な態度をとる傾向があることが確認されています。

さらに彼らの別の研究(6)によると、自尊心の高い人は、自尊心に脅威を受けると、成功する確率の少ない無鉄砲な行動をとることがわかっています。この研究では、実験参加者にスカイジンクスというテレビゲームをやってもらいます。小型飛行機を操縦し、パイロンなどの障害物にぶつからずにできるだけ遠くまで飛んでいくというゲームです。参加者がゲームに慣れてきた頃、実験者は参加者にゲームの目標となる得点を自ら設定させ、その目標得点に到達すれば、報酬が支払われると説明しました。この時、自尊心の高い人は、自尊心に脅威を受けると、到達する可能性が低いような、あえて高い得点を設定する傾向が見られました。実際、自尊心の高い人は、自分の設定した得点に到達できず、受けとる報酬も少なくなりました。一方、自尊心の低い人は、自尊心に脅威を受けると、より慎重に低めの得点を設定し、その結果、多くの報酬を受けとるに至りました。自尊心に脅威を受けない場合は、自尊心の高い人の方が、自分の能力にあった得点設定を行い、自尊心の低い人よりも多くの報酬を受け取っていることから、自尊心の高い人は自尊心に脅威を受けたときに限り、不適応な行動をとると言えます。

これらの結果を見ると、自尊心の高い人は、自尊心に脅威を受けると防衛的になり、他者を攻撃したり、不適切な目標設定を行ったりすることがわかります。自尊心が高いことは、一概に良いとは言えないようです。自尊心の高い人は、自分は幸せだと思い込んでいるのですが、現実を見るとそう良いことばかりでもないことがわかります。

3　自尊心の高低ではなく、自尊心の脆《もろ》さに問題がある

クロッカー(16)は、問題なのは自尊心の高さそのものではなく、自尊心がどれほど脅威を受けやすいか、つまり、どれほど自尊心が失敗や困難に脆いかであるとしています。失敗や困難に直面しても、それが自尊心に

対する脅威でなければ、自尊心が高くても低くても、防衛的になったり、攻撃的になることはありません。つまり、自尊心がどの程度、脅威に脆いのか、すなわち外界の出来事に翻弄されやすいのか、が問題だと言います。

日常の様々な出来事によって、私たちの自尊心は高まったり低まったりします。第1章でも説明したとおり、出来事によって変動する自尊心を**状態自尊心**と言います。しかし、どのような出来事が状態自尊心に影響するかは個人によって異なります。頭が良く、勉強ができることが自分の価値を規定すると考えている人は、成績が良かった時や、難しい試験に合格した時には自尊心が高まり、逆にテストで失敗した時や、試験に不合格だった時には自尊心に脅威を受けます。しかし、学業よりも甲子園に出場することに自分の価値を見出している高校球児であれば、テストの点数がどんなに悪くても、自尊心に脅威は受けないでしょう。その代わり、試合の決定的な場面で思ったようなプレイができなかったら、自尊心に脅威を受けるかも知れません。

◎自尊心に脅威となる失敗——アメリカの大学生の場合

失敗によって自尊心が脅威を受けやすいかどうかは、失敗をした領域に自尊心を随伴させているかによって決まります。自尊心をどのような領域に随伴させているかを、**クロッカーとウォルフ**[18]は「**自己価値の随伴性**」と呼んでいます。アメリカの大学生を対象に行った調査で、[14]クロッカーらは主に七つの随伴領域を特定しました。この研究によると、アメリカの大学生は、「外見」「他者からの受容」「競争で他者に勝つこと」「学業能力」「家族からのサポート」「倫理的であること」「神の愛」に自尊心を随伴させているそうです。人によって領域は異なるものの、自尊心が随伴している領域に関連する出来事が生じると、それに反応して状態自尊心が上下します。自尊心が随伴しない領域での成功や失敗には、自尊心はあまり影響を受けません。

自尊心を特定の領域に随伴させる度合いが強いほど、また、随伴の領域が多いほど、私たちの自尊心は脆いと言えます。

たとえば**クロッカーら**[17]は大学院に出願中の**大学4年生**の自己価値の随伴性を測定し、**2ヶ月間**にわたり週2回に加え、大学院から合否の連絡が来た日に状態自尊心を測定しました。その結果、学業能力に自尊心を随伴させている学生、つまり、学業能力が自尊心にとって重要だと感じている学生は、大学院から合格の通知を受けた日には、状態自尊心が通常の日のレベルよりも跳ね上がり、不合格の通知を受けた日には状態自尊心が下落することがわかりました（**図2-1**、**図2-2**参照）。一方、自尊心を学業能力に随伴させていない学生は、合格の通知を受ければ喜び、不合格の通知を受ければ落胆するものの、状態自尊心はあまり変動しないことがわかっています。つまり、自尊心を特定領域に随伴させることが、自尊心を脆くしているのです。

◎自尊心が脆いとどんな影響があるか？

ある特定領域の成功や失敗に自尊心を随伴させていると、状態自尊心だけでなく、**特性自尊心（ローゼンバーグ尺度などで測定する、普段の自尊心）**までもが低くなってしまう危険があります。白人が圧倒的に多いアメリカ中西部の大学において、黒人大学生の自己価値の随伴性と特性自尊心の関係を調べた研究[16]があります。その結果、学業能力、外見、他者からの受容、競争で他者に勝つことに自尊心を随伴させている黒人学生ほど、特性自尊心が低く、その相関は白人学生よりも顕著でした。学業能力や他者からの受容に自尊心を随伴させている黒人学生は、白人が優勢の環境では自尊心を高揚させるような成功を経験することが難しく、常に自尊心が脅威にさらされている状態であるため、結果として、その時々の状態自尊心だけでなく、恒常的に特性自尊心も低くなったと考えられます。一方、家族からのサポートや倫理的であること、神の愛に自尊心を随伴させている黒人学生ほど特性自尊心は高く、また、黒人と白人に相関の差はありませんでし

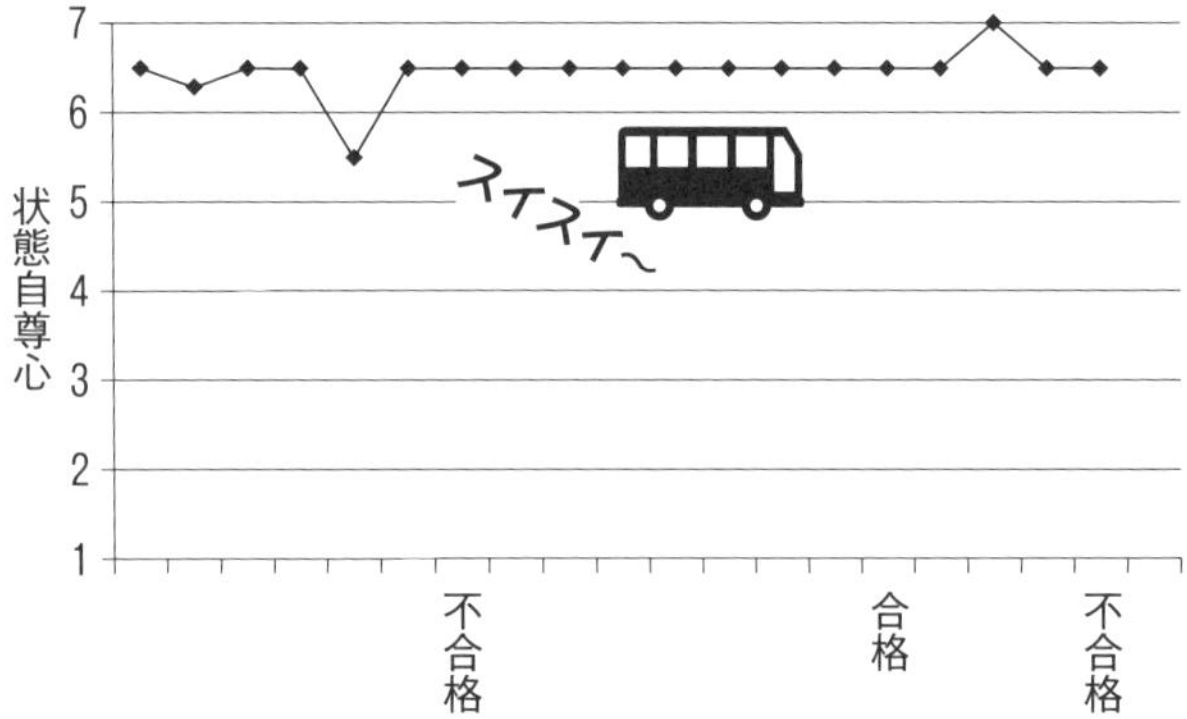

図 2-1　成績に自尊心を随伴させていない受験生の例
〔Crocker & Park, 2012〕

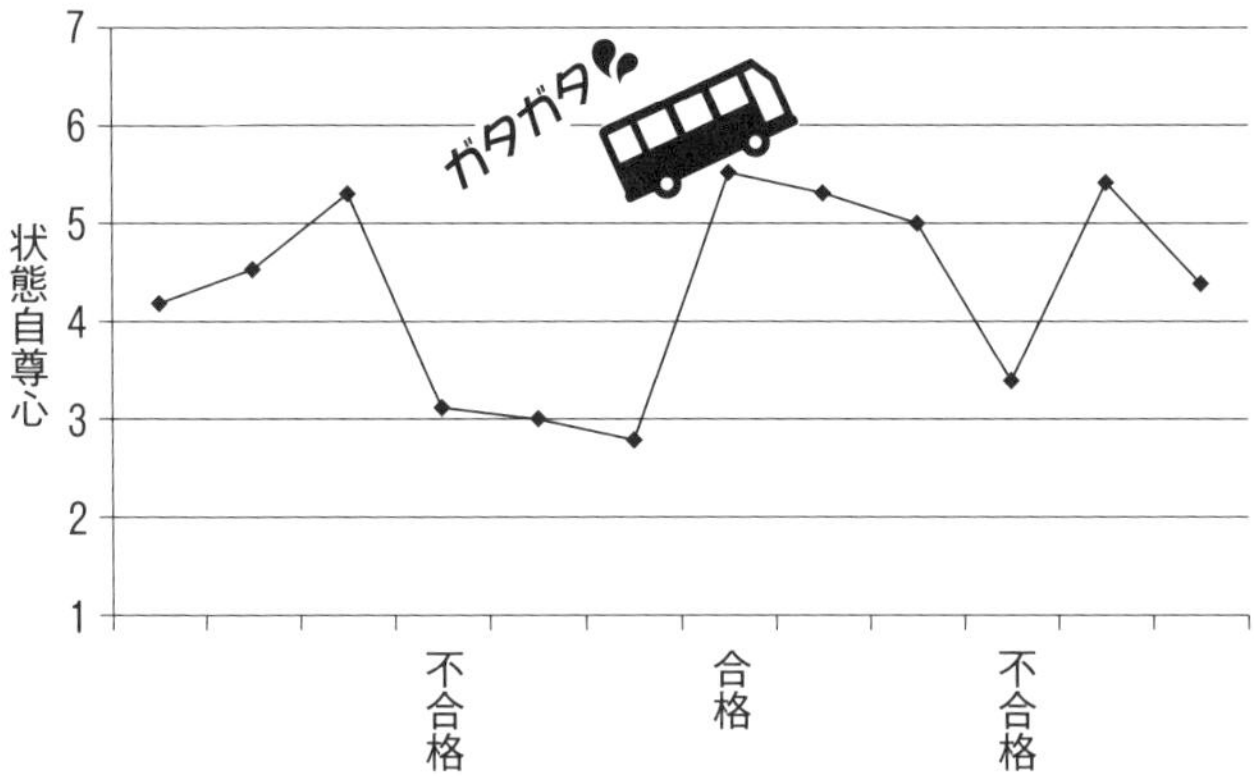

図 2-2　学業成績に自尊心を随伴させている受験生の例
〔Crocker & Park, 2012〕

た。美徳や神の愛における成功や失敗は、個人の内的な基準によって決まるため、比較的成功しやすく、そのために特性自尊心も高く維持しやすくなると考えられます。このことはつまり、どのような領域に自尊心を随伴させるかは、自尊心の脆さだけでなく、特性自尊心にも影響があることを示しています。

さらに、自己価値の随伴性は自尊心だけでなく、モチベーションや行動にも影響します。学業能力に自尊心を随伴させている学生は、そうでない学生よりも勉強により多くの時間を割き、美徳に自尊心を随伴させている学生は、そうでない学生よりもボランティア活動により多くの時間を割くことがわかっています。外見に自尊心を随伴させている学生は、身なりを整える時間、運動する時間、洋服を買うためのショッピングの時間、そしてパーティーや飲み会の時間が長くなる傾向がありました。ところが皮肉なことに、学業能力に自尊心を随伴させている学生に関しては、より長い時間を勉強に費やしているにもかかわらず、成績が良くなるわけではないこともわかっています。学業能力に自尊心を随伴させている度合いと成績の相関は、ほぼ無相関に近い.06だそうです。より勉強に時間をかけていても、あまり効率の良い勉強をしていないのかも知れません。

自己価値の随伴性の研究は主にアメリカで行われてきましたが、**内田**(53)は日本でも、自己価値の随伴性と自尊心や対人関係、動機づけとの関係を調べ、日本にもアメリカと同様の概念が存在することを明らかにしています。ただし、「神の愛」という領域に関しては、日本人がアメリカ人ほど宗教に熱心でないことから、日本語版の自己価値随伴性の尺度には含まれていません。また、日本人は欧米人よりも集団の和を重視する集団主義的な規範をもつことから、「関係性の調和」を自尊心の随伴領域として、尺度に追加しています。この**日本語版尺度**は、章末にある**表2-1、42頁**に載せてありますので、試してみてください。

4　自尊心の脆さがもたらす様々な問題

自尊心を随伴させている領域での成功は自尊心とポジティブ感情を高め、失敗は自尊心を下げ、ネガティブ感情を高めるため、人は成功を求め、失敗を避けようとします。しかし、常に成功し続けることは現実には不可能です。そこで、人は失敗して自尊心が下がることを阻止するために、様々な手段で自尊心を守ろうとします。しかし、これらの防衛的な手段を取ると様々な問題が生じます。

◎チャレンジを避ける

失敗から自尊心を守る手段の一つは、チャレンジを避け、簡単に成功する課題ばかりを選ぶことです。学業能力に自尊心を随伴させている学生は、苦手な科目に敢えて取り組もうとはしません。数学や物理が不得意な学生は、苦手な科目を克服するよりも、「自分は文系だから」と、得意な科目ばかりを伸ばそうとします。チャレンジすれば、数学も物理もできるようになる可能性があったとしても、失敗して自尊心に脅威を受けないために、やさしい道を選びます。仕事場においても、常に楽な仕事ばかりこなし、困難な仕事から逃げている人を見かけます。単にやる気がない、ものぐさな人である場合もありますが、逆に成功・失敗に極端にこだわる人である可能性もあります。

◎失敗の口実を作る――試験の失敗の原因をごまかして自尊心を守る

しかし、人生の中にはいかに楽な道を選んだとしても、失敗する可能性の高い事態に直面することもあります。そのような時、私たちは失敗の脅威から自尊心を守るために、敢えて失敗を招くような行動をとることがあります。自ら失敗の種をまくことで、失敗は自分の能力不足のせいではなく、別の要因によるものだと口実を作るのです。これを心理学では**セルフ・ハンディキャッピング（self-handicapping）**と言います。大事な試験の前に、「全く勉強してないわ～」と大きな声で宣言する学生を時々見かけます。また、レポートや課題が山積みになっていて、自分がいかに寝不足であるかを自慢げに話す学生もよく見かけます。自分が不利な状況にあることを声高に宣言するのは、たとえ自分が試験で失敗しても、勉強不足や寝不足のせいにできるというメリットがあるためです。だらしない性格だと思われてしまっても、自分に能力がないと思われるよりは、ましだと思っているためです。学業能力に自尊心を随伴させている人であれば、能力がないと思われるよりも、怠け者だと思われる方がずっと気が楽なのでしょう。しかも、万が一、勉強不足や寝不足でも、そこそこ良い成績が取れたとしたら、逆に自分は能力があることを証明することになります。つまり、セルフ・ハンディキャッピングには自尊心を失敗から守るだけでなく、高揚させる可能性も秘めていることになります。

困ったことに、人によっては自分が不利な状況にあることを宣言するだけでなく、実際に不利な状況を作り出してしまうことがあります。試験前に「全然勉強していない」と言う人は、案外一人でこっそり勉強していたりすることが多いのですが、なかには言葉通り全く勉強しない人もいます。宣言するだけでは、他者の目はごまかせても、自分の目はごまかせません。頑張って勉強したのに、失敗してしまったという事実は、自分に能力がないことを示すことになり、自己価値が学業能力に随伴していれば、自尊心の脅威となります。そこで、自分の目をごまかすためにも、実際に不利な状況を作り出すことが必要になるわけです。ただし、この場合は確実に失敗する確率も高まるので、セルフ・ハンディキャッピングすればするほど、能力を伸ばす機会も、それを証明する機会も減り、自分の能力に対する不安感が高まることになります。その不安により、ますますセルフ・ハンディキャッピングを行うという悪循環が生まれます。成績など全く気にしていない素振りを見せて、試験前に懸命に遊び回っている人ほど、実は人一倍、自分の能力が明らかになることを恐れている人なのかも知れません。

仕事場でも、自分が超多忙であることをアピールする人、これ見よがしにエナジー・ドリンクを飲む人、デスクに書類を山積みにする人、残業時間がいかに多いか嘆く人がいるのではないでしょうか。これは「自分はこんなに忙しく、こんなに頑張っているのだから、多少の失敗は大目に見てほしい」というメッセージかも知れません。失敗しても、それは能力不足なのではなく、多忙のせいだとすれば、失敗の脅威から自尊心を守りつつ、「頑張り屋」という勲章も手に入れられるわけですから、これほど便利なセルフ・ハンディキャッピングはありません。しかし、これも度が過ぎると、実際に失敗が頻発することになりますし、健康も阻害しかねないので、注意が必要です。

◎ギリギリにならないとやる気が出ない

締め切りが近づいているのに、なかなか仕事に取り掛かれない人をよく見かけます。早めにやらなければいけないとわかっているのに、常にギリギリになってしまう人。一仕事する前に、必ずデスク周りの大掃除を始める人。ついでに引き出しの中まで綺麗にしてしまう人。これらの行動を、心理学では**先延ばし行動**と言います。先延ばし行動もセルフ・ハンディキャッピングの一種と言えます。先延ばし行動の常習犯は、「自分を追い込んだ方が良い仕事ができる」「かえって仕事の効率がよくなる」と主張し、故意に先延ばししていると言う人もいます。しかし、実際は仕事の質に関しても、効率に関しても、先延ばしすることでメリットはありません。先延ばしをしない人の仕事と比べると、やはり時間に追われて慌てて仕上げた成果よりも、十分な時間をかけて仕上げた成果の方が優れていると言わざるを得ません。効率に関しても、もし3時間集中して取り組むことが好ましいのであれば、締め切り前の3時間ではなく、1週間前に3時間集中して行えばよいだけです。さらに、先延ばしをする人としない人を比べた研究では、先延ばしする人ほど、よりストレスを感じ、病気になりやすいという結果が報告されています。先延ばし行動における唯一のメリットは、時間不足を失敗の口実にできるという点です。納得のいく成果が得られなくても、「時間さえあれば、もっと良いものができた」と言うことができるので、自分の能力および自尊心に傷がつきません。反対に、もし短時間で思った以上の良い結果が得られたら、それこそ自分は能力があることになり、それが自信となり、やっぱり先延ばし行動はやめられない……ことになります。(51)

◎完璧主義で自尊心を守る

意外にも、セルフ・ハンディキャッピングは完璧主義と密接な関係があります。完璧主義な人は、非現実的な高い目標を掲げ、それを達成しなくてはと思い込んでいます。セルフ・ハンディキャッピングをしては、ますます目標を達成できなくなるわけですから、完璧主義者はそのようなバカなことはしないだろうと思われがちですが、実は、完璧主義な人ほどセルフ・ハンディキャッピング行動をとる傾向があることが報告されています。自分で定めた高い基準に到達するのは容易ではありません。完璧な報告書を書き上げる、歴代の売り上げ記録を更新する、などの目標はよっぽど条件が良くなければ達成できません。そこで完璧主義者は、目標を達成できなくても、その失敗を能力不足ではなく、条件の悪さのせいにすることができます。無謀な目標であれば、失敗しても誰もがそれは当然だと思い、かえって失敗が目立たなくなります。また、完璧を求めるあまり、なかなか仕事に取りかかれないことも報告されています。「今日は雑用が多くて、落ち着いて報告書を書くことはできないから、明日にしよう」と思っても、翌日になってみると、「今日は体調がすぐれないから良い文章は書けそうにない」と感じ、また先延ばしにするといったことが続きます。これもセルフ・ハンディキャッピングと言えるでしょう。

◎不正を行ってでも自尊心を守る——失敗回避の実験

失敗の可能性があるとき、人は失敗を回避するためであれば、不正行為も行ってしまうことがわかっています。大学生を実験室に呼び、そこで自己価値の随伴性などを測定する質問紙に回答してもらった後、難しい知能テストを与え、どの程度カンニングをするかを調べたことがあります。[43] 参加者に真剣にテストに取り組んでもらうため、このテストで上位10％の成績を収めれば、受講中の心理学の科目の成績にボーナス得点がつくと説明しました。テスト問題は全部で12問ありましたが、そのうち5問だけ、正解のないでたらめな問題を混ぜておきました。解くことのできない問題が含まれていたため、かなり難しいテストである印象を参加者に与えたことになります。さて、実験室にはもう一人、サクラがいて、同じテストを受けていました。テストの途中で、実験者は誰かに大事な鍵を返すのを忘れていた、と言って慌てて実験室を出て行ってしまいます。部屋には参加者本人とサクラの二人っきりです。実験者の机には、テストの正答を書いた紙が置いてあります。とっさにサクラは机に手を伸ばし、答えを写し始めます。「一緒に見る？」と言って、参加者を誘います。参加者は、サクラの誘いにのって一緒に答えを写そうとするでしょうか。サクラは答えをさっさと写し終えると、トイレに行ってしまいます。今度は部屋には参加者一人だけです。すぐそこには正答の書いた紙が無造作に置いてあります。参加者はカンニングの誘惑に打ち克つことができるでしょうか。知能テストには解くことのできない問題が5問含まれていたので、もしこの5問の回答が実験者の机の上にある正答と同じであれば、参加者は答えを写したことになります。

結果は、67人中38人、つまり約6割の参加者が少なくとも1問は答えを写したというものでした。男性の方がカンニングをする割合が高く、男性の7割がカンニングをしたのに対し、女性のカンニング率は4割でした。これは過去の研究とも合致する結果です。ではどのような人がカンニングをする傾向にあるのでしょうか。男性では、競争に勝つことに自尊心を随伴させている人ほど、カンニングをする傾向が見られました。逆に、倫理的であることに自尊心を随伴させている人ほど、カンニングの誘惑に負けないこともわかりました。また、失敗を避けたいというモチベーションの強い人ほど、カンニングをする傾向も見られています。失敗したくない、人に負けたくない、と思う人は、失敗を回避し、人に勝つためには、たとえそれが不正行為であっても、それを実行することをこの結果は示しています。この研究では、サクラが男性だったこともあり、男性の参加者はなおさらサクラには負けたくないと思ったのかも知れません。女性に関しては、この研究のデータからは残念ながらカンニング行為を説明しうる変数は見つかりませんでした。女性の方が不正行為に対しては慎重なのかも知れません。

◎それでも失敗してしまったら――責任転嫁から攻撃へ

失敗するような状況を避けたり、失敗のための口実を事前に作っておいたりすることで、人は自尊心を守ろうとしますが、それでも失敗を経験してしまうことがあります。自己価値を随伴させている領域で失敗すると、人は自尊心を守るための防衛的な反応を見せます。防衛的な反応の代表例が**責任の転嫁**です。広告代理店で働くAさんが作成した広告が大失敗に終わり、思ったように売り上げが伸びなかったとします。その時、Aさんが自尊心に脅威を覚えたとしたら、どうするでしょうか。「クライエントが製作費を出し惜しみしていなかったら、必ず成功していたのに」と思ったり、「自分は本当はもう一つの案の方が良いと思っていたのに、その意見を聞き入れてもらえなかったせいだ」と考えたりするかも知れません。または、上司が自分に全て任せっきりで、適切なアドバイスをもらえなかったせいだと考えるかも知れません。他人のせいにできない場合は、風水でも、神様でも、時の運でも、何でもいいので責任を転嫁します。失敗が自分のせいでなければ、自分の能力に対する評価は傷がつかないので、自尊心を守るには都合がいいのです。自分に都合のいい説明をすることを心理学では「**自己奉仕バイアス**」と呼んでいます。

また、失敗後、人は自分より優れた他者と距離を取ろうとします。自分の仕事がうまくいっていない時は、出世頭の同期とは飲みに行きたくありません。ますます自分がダメだと感じてしまうからです。その代わり、自分よりも劣る人を探し、「その人よりも自分はまだまし」と思うことで、自尊心を守ろうとします。さらに、失敗して自尊心が脅かされると、人は外集団の成員に対して偏見をもち、差別的な態度を見せることも報告されています。これも、弱い立場にある他者を貶めることで、自分の自尊心を高めようとしているためです。その他にも、自尊心の高い人が失敗を経験すると、他者に対して攻撃的になることは、先にも述べた通りです。

◎自尊心を守ることの代償

自尊心が失敗に脆いために以上のような防衛的な行動をとると、自尊心は守られますが、そのための代償は大きいと言えます。まず、自分が支払う代償ですが、自尊心の維持・回復を優先させることで、学び・成長する機会を失います。困難な課題を避け、簡単な選択肢に逃げてばかりいると、自分の能力を試し、伸ばすことができません。筋肉が少し負荷を与えないと発達しないのと同じで、私たちの能力も、常に難しい課題にチャレンジしていないと伸びません。セルフ・ハンディキャッピングも、自尊心を守るために、実際のパフォーマンスを犠牲にしていると言えます。精いっぱい努力せずに失敗した場合、自分の能力がどのくらいあって、何が足りないのか、どこが弱いのか分析することができません。「出来る人」だと思われたいがために、「出来る人」になるための術《すべ》を断ってしまったも同然です。また、失敗を他人のせいにすると、失敗の本当の原因がわからず、同じ失敗を繰り返すことにもなります。もし自分に改めるべきことがあるなら、それを認めることではじめて失敗から学び、成長することができるのですが、自分の自尊心にとって重要な領域での失敗であればあるほど、失敗を直視することができません。また、セルフ・ハンディキャッピングのせいで、寝不足や疲労が重なれば、精神的・身体的健康を損なう危険もあります。自尊心を守ることは、他者にも迷惑がかかります。失敗を他人のせいにしたり、他者を見下したり、優れた友人と距離をとれば、対人関係に傷がつくことは明らかです。また、自尊心を素早く回復できない場合、人は失敗したことを後悔し、いつまでもくよくよと悩むことになります。すると、周囲の人は気を使わざるを得なくなります。部下のため、そして仕事のために間違いを指摘しただけなのに、いつまでも部下が落ち込んでいるのを見た上司は、間違いを指摘しない方が良かったのか、フィードバックの仕方がいけなかったのか、悩むことになります。友人が深刻な悩みを抱えていても、自分の傷ついた自尊心で手一杯になってしまった人は、友人を助けるどころか、それに気づくことすらないかも知れません。嬉しいことがあって喜ぶ恋人のために、一緒に喜んであげることができなくなってしまいます。自尊心が傷つきやすいということは、周りにいる人々にとっても大きな不利益を生じさせてしまいます。

私たちは自尊心の高い人ほど幸せだと思っていますが、自尊心を高めれば幸せになれるわけではないことがわかります。自尊心を高めれば、認知的なバイアスがかかるので、学業や仕事、対人関係がうまくいっているいると思えるようになるものの、実際に成績が良くなったり、仕事の生産性が高まったり、対人関係がスムーズになるといった効果を示すデータはありません。自尊心にはそのような効果がないどころか、自尊心の高い人ほど、失敗すると攻撃的になることから、高い自尊心には弊害があることもわかっています。特に、人は自尊心を随伴させている領域で失敗すると、自尊心に大きな脅威を感じるため、自尊心を守り、回復させるための様々な防衛策を講じるものの、それが対人関係にも、個人の成長にも悪い影響があることを述べてきました。

では、自尊心など必要ないのでしょうか。次の章では、「自尊心」と「自尊心の追求」を区別して議論していきたいと思います。

Try it! ②

1 自尊心の高い人は、幸福感が高く、仕事も人間関係もうまくいっていると感じる傾向が高いことがわかっています。自尊心が高いと、なぜ仕事や人間関係がうまくいっていると感じるようになるのでしょうか。

（　　　　　　　　　　　　　　　　　　　　　　　　　　）

2 自尊心の高さと幸福感や仕事・人間関係満足感と相関関係はたびたび報告されていますが、「自尊心が仕事と人間関係を促進させる」という因果関係は明らかではありません。その逆も考えられます。仕事や人間関係がうまくいくと自尊心が高まるとしたら、それはなぜでしょうか。

（　　　　　　　　　　　　　　　　　　　　　　　　　　）

3 幸福感が高く、仕事や人間関係もうまくいっている人は、どのような人でしょう。自尊心が高いこと以外にどのような特徴がありますか。

（　　　　　　　　　　　　　　　　　　　　　　　　　　）

4 あなたはどのような時に、「自尊心が高まった」と感じますか。これまでに実際に「自尊心が高揚した」と感じたエピソードを具体的に思い出してください。単に嬉しかった出来事ではなく、その出来事のおかげで、自分に価値があることを確認できたと思えたような出来事はありますか。

（　　　　　　　　　　　　　　　　　　　　　　　　　　）

5 あなたはどのような時に、「自尊心が傷ついた」と感じますか。具体的なエピソードを思い出してください。単に悔しい、悲しいと感じた出来事ではなく、その出来事のせいで「自分はダメな人間だ」と思ってしまった経験はありますか。

（　　　　　　　　　　　　　　　　　　　　　　）

6 次頁の表2-1の文章についてどう思いますか。「1＝全くそう思わない」～「7＝強くそう思う」の中からあてはまる数字に丸をつけてください。

（　　　　　　　　　　　　　　　　　　　　　　）

内田（2008）の自己価値の随伴性尺度は26項目ありますが、ここでは各領域から代表的な項目を二つずつ抜粋してあります。もとは大学生を対象に作られた尺度で、学生でない方は最後の二項目（13、14）は飛ばしてください。

＊のついた項目（2、6、9、14）に関しては7→1、6→2、5→3、3→5、2→6、1→7と変換してから、それぞれ平均値を算出してください。

随伴性の領域は以下の通りです。

・競争性：8、12　・外見的魅力：1、9＊　・関係性調和：4、10　・他者からの評価：2＊、6＊

・倫理的であること：3、7　・家族・友人からのサポート：5、11　・学業能力：13、14＊

スコアが高いほど、その領域に自尊心を付随させていることになります。その領域での成功・失敗が自尊心により大きな影響を与えることを意味します。人によっては複数領域に自尊心を付随させていることもあります。

尺度で測定した自尊心の随伴性は、4と5で特定したエピソードに対応していますか。この尺度が測定している随伴性の領域以外に、どのような領域があるでしょう。

（　　　　　　　　　　　　　　　　　　　　　　）

表2－1　自己価値の随伴性尺度

		全くそう思わない	そう思わない	ややそう思わない	どちらともいえない	ややそう思う	そう思う	強くそう思う
1	どれだけ私の顔の特徴に魅力があると思うかによって、自尊心が影響を受ける。	1	2	3	4	5	6	7
2	他の人たちが私のことをどう考えようと気にしない。*	1	2	3	4	5	6	7
3	もしも非倫理的なことをしたら、自尊心は下がるだろう。	1	2	3	4	5	6	7
4	もしも私がグループ内の関係の調和を壊したら、私は自分の価値を認めることができない。	1	2	3	4	5	6	7
5	私の家族の人達や友人達が私を愛してくれていると知ると、自分をいい感じだと思う。	1	2	3	4	5	6	7
6	他の人々が私について否定的な意見を持っていたとしても、私は気にしない。*	1	2	3	4	5	6	7
7	間違っているとわかっていることをやると、自尊心を失う。	1	2	3	4	5	6	7
8	課題や技術において他の人よりもうまくやると、自分に価値があると感じる。	1	2	3	4	5	6	7
9	私の自尊心は自分の外見を魅力的と思うかどうかとは関係がない。*	1	2	3	4	5	6	7
10	グループの調和を保つことができないとき、自分は駄目だと思う。	1	2	3	4	5	6	7
11	私を気遣ってくれる家族や友人達がいることは、私の自尊心にとって重要である。	1	2	3	4	5	6	7
12	ある課題において他の人よりも自分がよくできたと知ると、自尊心が上がる。	1	2	3	4	5	6	7
13	私の自尊心は学業成績によって影響される。	1	2	3	4	5	6	7
14	自分をどう思うかは、私が学校でどれだけ優秀であるかということとは結びついていない。*	1	2	3	4	5	6	7

［Crocker et al.（2003）、内田訳（2008）］

第3章　自尊心の脆《もろ》さを軽減する

自尊心を高めてもあまり良い効果がないばかりか、自尊心を守ろうとすることには様々な弊害があることを紹介しました。だからといって、私たちは自尊心を必要としていないわけではありません。自尊心は死に対する不安を和らげ、社会からの受容を反映するソシオメーターとして機能していることは第1章で述べたとおりです。また、発達過程で自尊心を育むこと、そして、そのために安定した愛情あふれる環境を子どもたちに提供することも重要です。本章では、問題の根源は自尊心そのものではなく、自尊心への執着（自尊心を守り、高めることに躍起になってしまうこと）にあることを明らかにしていきたいと思います。自尊心が脆いと、人は自尊心を守ることにエネルギーを費やすことになり、それが前章で述べた様々な弊害をもたらすと考えられます。そこで、自尊心の脆さを軽減する方法について調べた研究も紹介したいと思います。

1　自尊心に対する執着

自尊心は良いものなのか、悪いものなのかという論争には、実は大事な視点が一つ抜け落ちています。それは、自尊心を守りたい、自尊心を高めたい、自分の価値を確かめたい、人から価値のある人間だと思われたい……、といった「自尊心をとりまくモチベーション」と「自尊心」は別物であるという視点です。**クロッ**

カーとパーク(16)は、問題は自尊心そのものではなく、自尊心を追求することにあると述べています。

自尊心と自尊心の追求の区別に関しては、お金を例にとって考えてみるとわかりやすいと思います。私たちの生活の中で、お金は必要でしょうか。それは良いものでしょうか、悪いものでしょうか。

この社会で暮らしていくには、当然、ある程度のお金が必要です。食費・光熱費・家賃が払えないと、生きていくこと自体が困難になります。さらにいくらかお金に余裕があると、生活にゆとりが生まれ、より豊かな暮らしができます。つまり、お金は必要であり、良いものであると言えます。ただ、お金が重要だからと言って、金儲けばかりに夢中になると様々な問題が生じます。働きすぎて不摂生な生活を送ることになるかも知れませんし、人間関係がおろそかになるかも知れません。自分より裕福な人をうらやましく思う一方、貧しい人に対して優越感を感じるようになるかも知れません。お金そのものは必要で、良いものであっても、過度にお金を追い求めることは一概に良いものではないことがわかります。

自尊心もお金と同じように、人として機能していくためには、ある程度なくては困ります。しかし、自尊心ばかり追い求めていると、結局は自尊心に振り回され、支配されることになります。理想は、自尊心を守り、高めることを目的とせず、日々の活動の副産物として、「気が付けば、結果的に自尊心が高まっていた」という状態になることです。しかし、私たちの多くは、自尊心を高めることが最も大切なことだと思い込み、自尊心を守り、高めることに夢中になりすぎています。

私たちはなぜ、自尊心を追い求めてしまうのでしょうか。私たちの自尊心に対する執着はどこから来るのでしょうか。

自尊心には「中毒性がある」とよく言われます。自尊心が高揚すると、気分が良くなり、エネルギーが漲る感じがします。これは人にとっては**最高の報酬**です。逆に自尊心が低下すると、それは惨めな気分になります。これほど不愉快な経験はないはずです。これは人にとっては**最悪の罰**です。人も動物も、報酬をもたらす行動を強化し、罰をもたらす行動は避けようとします。スキナーの学習理論を持ち出すまでもなく、一度自尊心の高揚を経験した人は、またそれを経験したくなることは明らかです。また、自尊心の低下があまりにも不愉快なのでそれを避けるために必死になります。過去の経験から、私たちは自尊心を守り、高揚させることが良いことだと学習したと言えます。自尊心がある領域に随伴している場合は、成功・失敗経験によって受ける影響がなおのこと強烈なので、そのような領域ではより熱心に自尊心を追い求めることになります。

つまり、私たちの自尊心が脆ければ脆いほど、それを守ろうとするモチベーションも強くなると言えます。自尊心が失敗や脅威に対して脆いからこそ、人は自尊心を守り、維持し、高揚させる必要が出てくるのです。そして、自尊心を守り、維持することが最優先課題になると、他者に対して攻撃的になったり、失敗の言い訳をしたり、チャレンジを避けたりといった非生産的な行動に陥ってしまうのです。

自尊心への執着から生じる問題をなくすためには、自尊心の脆さを何とかする必要があります。では、自尊心の脆さを軽減するためにはどうしたらよいのでしょうか。この問いに答えるために、次節ではまず、なぜ自尊心が脆くなってしまうのかについて、考えてみたいと思います。

2　なぜ自尊心が脅威を受けるのか

あなたは自分の能力は遺伝的なもの、つまり生まれもったものだと思いますか。それとも、努力や環境によって後天的に身についたものだと思いますか。あなたの性格に関してはどうでしょうか。親から譲りうけたもので、どうにも変わらないものでしょうか。それとも環境や努力次第で変えられるものでしょうか。ではあなたの人としての価値はどうでしょうか。

◎能力や素質は生まれもったもの——固定的自己観

自分に対する信念には大きく2種類あると**ドゥエック**(23)は言っています。一つは「**固定的自己観**」で、もう一つは「**増大的自己観**」です。固定的自己観とは、自分の能力や性格は生まれたときから決まっていて、生涯を通してあまり変わらないという考え方です。たとえば固定的な知能観をもつ人は、自分の知能は決まっていて、努力をしてもしなくても、結果はさほど変わらないと考えます。世の中には出来るやつは出来るし、出来ないやつは出来ない、生まれつき頭のいい人と悪い人がいる、と考えます。このような人は、テストで良い成績を収めた時は、「自分は頭がいい、出来る人間なんだ」と感じ、テストで悪い成績を得た時は、「自分はあまり勉強ができる方じゃない、出来ない人間なんだ」と感じます。つまり試験は自分にはどのくらいの知能があるのか知るためのものです。成功すれば能力があることを意味し、失敗すれば能力がなかったことになります。性格に関しても同じです。多くの人にチヤホヤされれば、「自分は魅力的な人」であることを意味し、人に冷たく扱われれば、「自分は魅力のない人」ということになります。他者との関係においても、人との会話が弾めば、その相手は「相性がいい人」で、逆に気まずい感じになってしまえば、その相手は「自分とはウマが合わない人」ということになります。固定的自己観をもつ人は、常に自分に素質が「ある」か「ない」か、0か1か、という視点で物事を見ています。

固定的自己観をもつ人は、自分の能力を証明したい、自分に素質があることを確認したいと思っています。自尊心を随伴させている領域であれば、なおさらです。成功は、自分に能力や素質があるだけでなく、自分に価値があることを意味するからです。学業能力に自尊心を随伴させている人で、固定的知能観をもつ人は、良い成績を得て、良い大学に合格することで、自分の人としての価値を証明しようと考えます。他者からの受容に自尊心を随伴させている人で、固定的な対人魅力観をもつ人は、多くの人に好かれることで、自己価値を証明しようとします。固定的自己観をもつ人ほど、自尊心を随伴させている領域で、自尊心を高めようとします。

同時に、固定的自己観をもつ人は、失敗を極度に恐れることにもなります。自尊心の随伴した領域での失敗は特に脅威となります。学業能力に自尊心を随伴させている人で、固定的知能観をもつ人にとって、受験に失敗することは、自分に能力がないばかりか、自分に人としての価値がないことを意味します。他者からの受容に自尊心を随伴させている人で、固定的な対人魅力観をもっている人にとって、恋人にフラれることは、自分に魅力がないばかりか、人として価値がないことを意味します。成功や失敗に大きな影響を受けるため、成功を求め、失敗を避けることが最重要課題となります。

◎能力や素質は環境や努力によるもの――増大的自己観

一方、増大的自己観とは、自分の能力や性格は、環境や努力などによって変化しうるという考え方です。増大的知能観をもつ人は、知能は努力次第で伸ばすことができると考えています。テストで良い成績を得たときは、それは自分が頑張った成果だと考えます。悪い点数だったときは、努力が足りなかったと考えます。固定的知能観をもつ人が、「自分には能力がない」と感じるのに対し、増大的知能観をもつ人は「努力すれば、次はもっと良い点数になる」と考えます。成功や失敗は、今現在の能力を反映しているに過ぎず、人としてのポテンシャルを表わしているものではないと考えます。対人関係においても、相手とうまく会話が進まなくても、「相性が悪い人」と思うのではなく、どうすれば相手との関係をより良くできるかを考えます。自分の能力も、性格も、相手との相性も変えられると考えているためです。

特定の領域に自尊心を随伴させている人でも、増大的自己観をもつ人は、成功・失敗にそれほど影響を受けないと考えられます。失敗をしても、「また次に頑張ればいい」と考えることができるからです。つまり、成功・失敗を経験しても、それは長期にわたるプロジェクトの中間報告のようなものなので、それが直接、自己価値の有無を表わすものではないと捉えることができるのです。長期的に自己を成長させることが目標なので、今ここで成功を収め、失敗を避け、自己価値を証明することは、それほど重要ではありません。

このように考えると、自尊心に対する執着は、自尊心の脆さと密接な関係があることがわかります。固定的自己観をもつ人ほど、失敗に対して自尊心が傷つきやすいために、なおさら自尊心に執着してしまう。逆に、増大的自己観があれば、自尊心を随伴させている領域で失敗を経験しても自尊心が傷つかないため、自尊心に執着しないですむことが考えられます。

次節では、増大的自己観は、自尊心を失敗の脅威から守ってくれるのかを調べた実験を詳しく紹介します。前章までは、研究結果のみを紹介してきましたが、それは山に登らずに、トンネルを抜けて向こう側の景色を眺めるようなものです。しかし、山に登る過程には、たくさんのワクワクとドキドキがあり、その過程を経た上で眺める向こう側の景色は、トンネルを通って見る景色とはまた違った趣があります。少しでもその旅路を体験していただきたく、やや遠回りにはなってしまいますが、一緒に山に登るルートをご用意しました。「山は嫌いだ、いち早く結果だけを知りたい」という方は、第3章（51～52頁）と第4章（72頁）の結果をお読みください。

3　成長できると思えば失敗しても平気?

これは筆者がアメリカの大学院に留学して二年目に行った研究です。一年目に授業で固定的知能観と増大的知能観に関する論文を読み、バラバラだったパズルの破片がすーっと組み合わさったような体験をしたのを覚えています。とても合点のいく理論だったのです。筆者は極度の失敗恐怖症で、試験で悪い点数を取りたくないがために、数週間前から勉強するような学生でした。テストの前日に十分勉強ができていないと、パニックになってしまうのです。テストが配られているのに「何も勉強していなかった！　どうしよう！」という夢を今でも見るくらいです。なぜこれほどに失敗が怖いのか、どうしたら失敗が怖くなくなるのかということを常に考えていたので、自己価値の随伴性と固定的自己観の話を聞いたときに、頭で理解すると共に心でもすんなり納得できたのだと思います。

増大的知能観をもつ人の方が、固定的自己観をもつ人よりも自尊心の脅威を受けにくいことは、その当時、ドゥエックらがすでに明らかにしていました。筆者の研究は、学業成績に自尊心を随伴させている人にとっても、増大的知能観は自尊心を失敗から守るのに有効かを調べることでした。

◎実験方法

実験参加者は**アメリカの大学生128人**です。数人ずつ実験室に来てもらい、「性格と知能の関係を調べる研究」という名目で、コンピュータ上で、まず、いくつかの質問紙に回答してもらいました。質問紙では、その時の自尊心と、自尊心を学業能力に随伴させている程度などを測定しました。その上で、**GRE（Graduate Record Examination）**という大学院入学のための試験問題の一部を受けてもらいました。GREは、読解、数学、分析能力の三つのテストから成ります。自尊心を学業能力に随伴させている人は、ぜひとも良い点数を取りたい、悪い点数だけは取りたくないと思うようなテストです。このテスト問題は、実際のGREの練習問題から抜粋したのですが、読解力テストの中の長文の一つだけは、固定的知能観、または増大的知能観を喚起するような文章に差し替えておきました。実験参加者の半数には、「最新の研究で、人間の知能は全て遺伝で決まっており、一生のうちに知能が変動することはないことが明らかになった」と書かれた嘘の記事を読ませ、残りの半数の参加者には、「最新の研究で、人間の知能は環境によって大きく変動することが明らかになった」と書かれた嘘の記事を読ませました。その後、文章をしっかり読み、内容を理解していることを確認するため、文章に関する質問にいくつか答えてもらいました。GREが終わると、コンピュータ上にランダムに半数の参加者には悪い点数（45パーセンタイル）、半数の参加者には良い点数（97パーセンタイル）を表示しました。つまり、実際のテストの出来とは関係なく、成功か失敗のフィードバックをしたわけです。成績を提示した直後に、その時の自尊心（状態自尊心）と感情について評定してもらいました。実験の最後には、もちろん、テストの結果が嘘であったことや、文章の一部が知能観を操作するものであったことを参加者に伝え、騙したことについて謝りました。

◎結果の予測

さて、この実験で一番見たかったのは成功後または失敗後の自尊心です。成功した時に比べ、失敗したときに自尊心は低くなると予測していました。ただし、成功後と失敗後の自尊心の差は、参加者が自尊心を学業能力に随伴させている度合いと、固定的、または増大的知能観のいずれを想起したかによっても異なるだろうという仮説も立てました。具体的には、自尊心を学業能力（成績）に随伴させている学生は、固定的知能観をもっていれば、失敗後に自尊心が著しく低くなり、増大的知能観をもっていれば、失敗後も高い自尊心を維持するだろうと予測しました。自尊心を学業能力に随伴させていない学生は、そもそも自尊心が成功や失敗に影響されないので、固定的知能観をもっていても、増大的知能観をもっていても、自尊心にあまり差がないだろうと考えました。

◎実験結果――成功後と失敗後の自尊心の差

実験で結果が予想通りになることはなかなかないのですが、この時ばかりは失敗恐怖症の筆者が小躍りしてしまうほど、仮説通りのキレイな結果が出ました。参加者全員を「自尊心を学業能力（成績）に随伴させ

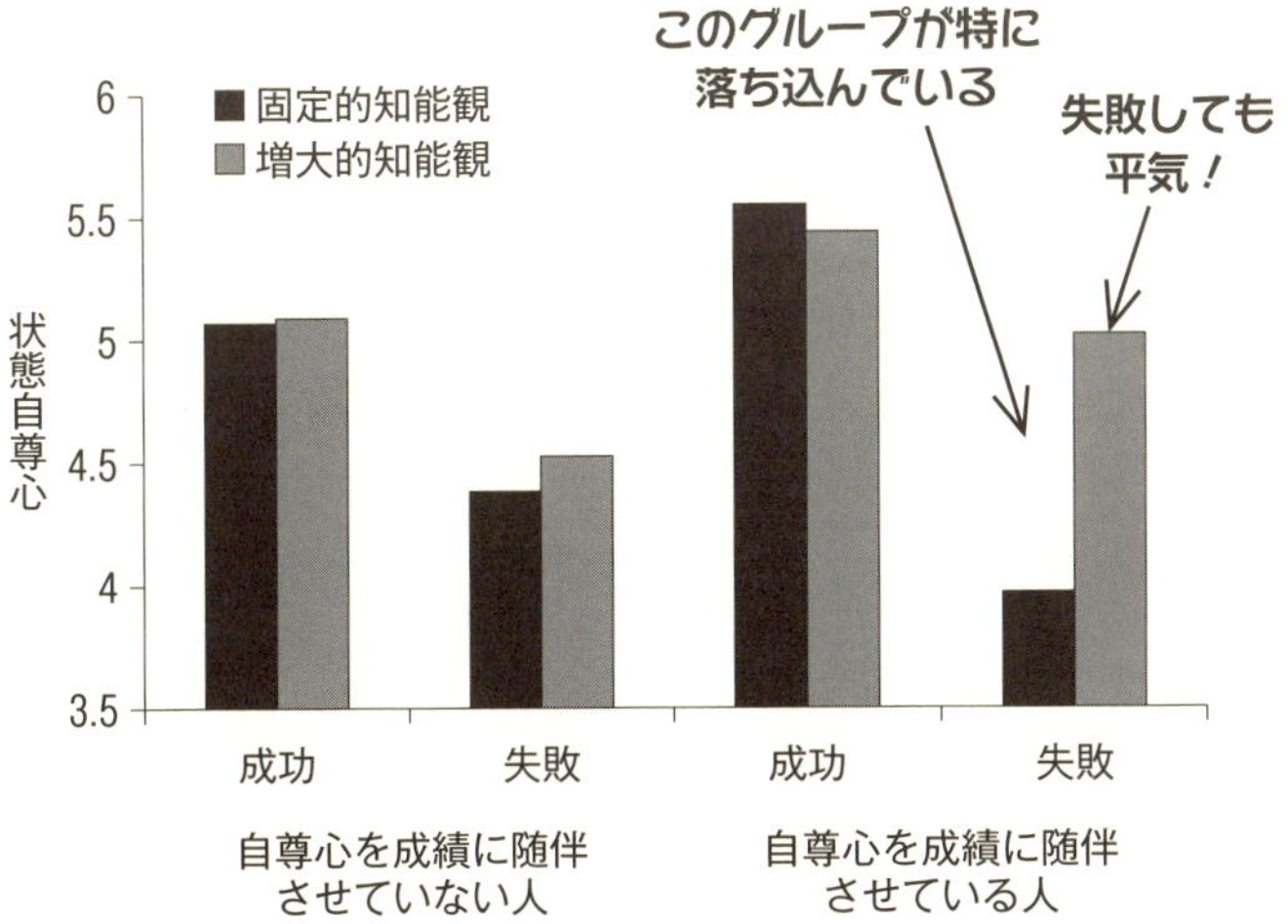

図 3-1　自尊心を成績に随伴させている人でも、増大的知能観があれば、失敗後も自尊心を維持できる　〔Niiya, Crocker & Bartmess, 2004〕

ている度合い」の順に並べ、ちょうど真ん中（中央値）で上位群と下位群に分け、「自尊心の随伴性の高い群と低い群」「テストで成功した群と失敗した群」「固定的知能観を与えられた群と増大的知能観を与えられた群」の2×2×2の8群に分けました。**図3-1**はこれら8群の自尊心の平均を表示したものです。

この結果を見てまずわかるのは、どのグループも成功後より失敗後に自尊心が低くなるということです。自尊心を学業能力に随伴させていない学生は、テストで悪い点数をとっても自尊心に脅威を受けないだろうと予測していましたが、彼らも失敗後に自尊心がやや低くなっていることから、少しは脅威を受けていることがわかります。そもそも参加者は名門大学の大学生ですので、自尊心を学業能力に随伴させている程度が低いといっても、多少は随伴しているのだと理解できます。

さらに興味深いのは、成功後と失敗後の自尊心の差は、自尊心を学業能力に随伴させている度合いと、与えられた知能観によって異なっていたという点です。この結果を詳しく見てみると、自尊心の随伴度が高い群と低い群は、結果のパターンが異なることがわかります。自尊心の随伴度の低い群（図3-1の左半分）では、知能観に関係なく、失敗すれば自尊心が低くなっています。これに対し、自尊心の随伴度が高い群（図3-1の右半分）では、どのような知能観をもっているかによって、失敗後の自尊心に差があることがわかります。増大的知能観をもっている人は、固定的知能観をもっている人ほど、失敗後に自尊心が低くならないことが見て取れます。固定的知能観をもつ人は、自分に能力があるのかないのかを気にしています。自尊心を随伴させていればなおさらです。成功すれば、自分は能力があり、価値のある人間だと思うことができますが、失敗してしまうと、自分には能力がないことになるので、自尊心に脅威を受けます。これに対し、増大的知能観をもつ人は、今この時点で能力が足りなくても、将来伸ばすことができると信じているので、失敗しても、すぐに自己価値がないという判断はしません。そのため、失敗後も自尊心を維持できたと解釈することができます。

これらの結果を総合すると、学業能力に随伴した自尊心をもっていても、増大的知能観をもっていれば、自尊心は失敗の脅威を受けにくいことがわかります。

4　学びたいと思えば失敗しても平気？

先の研究結果に気分を良くしたこともあり、筆者はもう一つ実験を行うことにしました。先の研究では増大的知能観、つまり知能に対する考え方を捉えていたので、二つ目の研究では、何のために勉強するのかという目標に着目することにしました。人は何のために成功したいと思うのかについて考えるとき、大きく分けて二種類の目標があることを様々な研究者が提唱しています。一つ目は、学び・成長することを目標にする「**習得目標**」、もう一つは自分や他者に自分の能力の高さを示すことを目標にする「**遂行目標**」です。増大的知能観と習得目標は、一方は認知、もう一方は動機ですが、これらをまとめて「**学習志向性**」と呼ぶことができます。自尊心を学業能力に随伴させていても、学び・成長したいと思う人は、失敗しても自尊心を維持できるだろうという仮説を立てました。

その他にも実験にいくつかの変更点を加えました。前の研究では、嘘の成績を与えることで成功と失敗を操作していましたが、今度は課題の難易度を変えることで成功と失敗を操作しました。難しい課題を割り当てられた人は必然的に失敗を経験し、簡単な課題を割り当てられた人は必然的に成功を経験することになります。また、課題も大学院進学適正試験（GRE）ではなく、**遠隔連想テスト（Remote Associates Test：RAT）**という言語課題を用いることにしました。さらに、成功後・失敗後に自尊心を測定した上で、同じようなテストにもう一度挑戦しようとするか、課題に対する持続力も調べました。

◎実験方法

この実験には**アメリカの大学生138人**に協力してもらいました。前の研究と同様に、コンピュータ上で まず、自尊心が学業能力に随伴している度合いと習得目標を測定する質問紙に回答してもらいました。習得目標を測定するために、「授業では、できるだけ多くのことを学びたい」など六つの項目が自分にどのくらい当てはまるかをたずねました。その後、RATが「認知能力と知能を測定するのに大変優れたテストであり、学業場面における成功を予測するのによく用いられているテスト」であることを説明し、参加者を簡単または難解なRATに割り当てました。RATは三つの単語（たとえばshelf, read, cook）から、これらに共通する言葉を見つける課題です（この例ではbookが正解です）。5分間のテスト時間が終了すると、RATの答えを読むことができます。難解なRATでも、答えを見ると「そうか、なるほど」と感じるものが多く、参加者は「もう一度やればできるかも知れない」という印象を受けたはずです。

その後、状態自尊心と感情を測定し、さらに「次の課題」として同様のRATを行うか、別の課題を行う

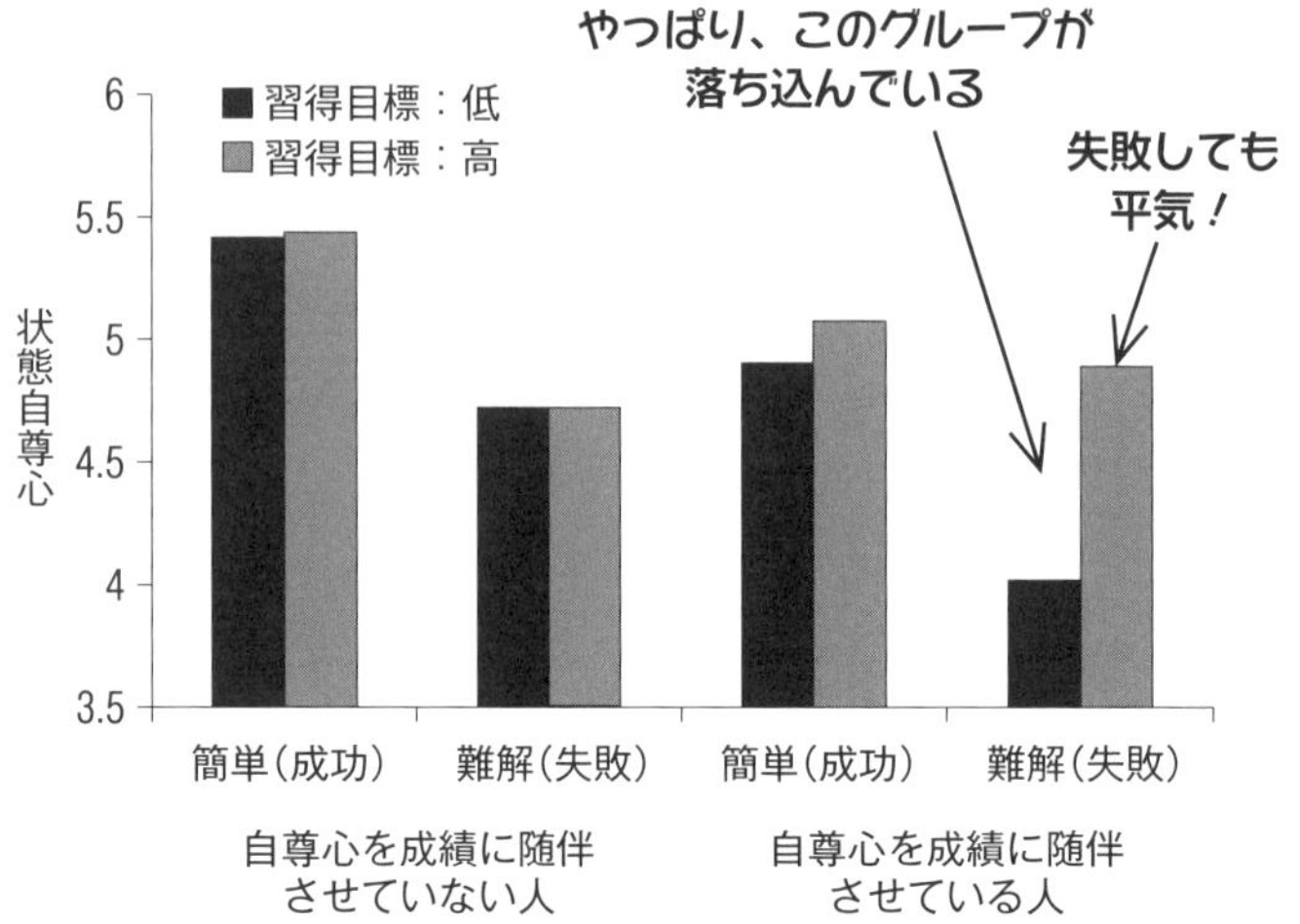

図3-2　自尊心を成績に随伴させている人でも、習得目標があれば、失敗後も自尊心を維持できる　〔新谷・クロッカー, 2007〕

かをコンピュータ上のボタンをクリックすることで選択してもらいました。同じRATをやることを選択すれば、持続力があることになり、別の課題を選択すれば、持続力がないことになります。二つ目の課題を選択した時点で実験は終了となりました。最後に参加者に実験の詳しい内容と、RATが学力とは直接関係がないこと、RATが極端に難しい場合があったことなどを説明しました。

先の研究と同様に、自尊心が学業能力に随伴している度合いと習得目標をそれぞれ上位群と下位群に分けました。さらに難解な課題を与えられた者と簡単な課題を与えられた者がいたので、参加者を2×2×2の8群に分けたことになります。**図3-2**は、これら8群の課題後の自尊心の平均を表わしたものです。

◎実験結果

今回も、前回の実験と似たような結果が得られました。簡単な課題を行った（成功した）場合よりも、難解な課題を行った（失敗した）場合の方で自尊心が低くなっています。失敗は自尊心にとって脅威であることが確認で

表3-1 「もう一度、同じような課題に取り組みたい」と回答した人の割合

	簡単な課題（成功）		難解な課題（失敗）	
	習得目標：低	習得目標：高	習得目標：低	習得目標：高
自尊心を成績に随伴させていない人	39 %	20 %	0 %	0 %
自尊心を成績に随伴させている人	67 %	62 %	0 %	27 %

〔新谷・クロッカー, 2007〕

きます。自尊心を学業能力に随伴させていない人に関して（図3-2の左半分）は、習得目標による差は見られません。しかし、自尊心を学業能力に随伴させている人に関して（図3-2の右半分）は、習得目標の高低によって、課題後の自尊心に大きな差が見られます。習得目標が低い人（学ぶことを目標としない人）は、失敗後に自尊心が著しく低くなるのに対し、習得目標が高い人（学ぶことを目標としている人）は、失敗後も自尊心を維持しています。つまり、自尊心を学業能力に随伴させていても、習得目標が自尊心を失敗の脅威から守ったと言えます。

実験の最後に、参加者にもう一度同じようなRATを行うか、別の課題を行うか選択してもらいましたが、これに関して、おもしろい結果が得られています。表3-1は、同じような課題にもう一度挑戦することを選んだ参加者のパーセンテージを群ごとに示したものです。まず、課題が簡単だったときの結果を見てみましょう（表3-1の左半分）。自尊心の随伴度が低い人の2～4割程度がもう一度同じ課題をやりたいと答えたのに対し、随伴度が高い人では、その数が6割を超えているのがわかります。自尊心を学業能力に随伴させている人にとって、簡単に成功経験が味わえる課題は、自尊心を高揚させる良い機会なのでしょう。次に課題が難解であったときの結果を見てみましょう（表3-1の右半分）。ほとんどの人がRAT課題を避けようとしていることがわかります。唯一、自尊心の随伴度が高く、かつ習得目標が高い人だけ、3割弱がもう一度同じ課題に取り組むことを選んでいます。自尊心の随伴度が高く、かつ習

得目標が高い人は、テストで良い点をとることを重要視している上、学び、成長することも重要だと考えているため、失敗しても再チャレンジすることができたのだと考えられます。

この章では自尊心が脆いからこそ、私たちは自尊心に執着してしまうという観点から、どのようにすれば自尊心の脆さを軽減できるのかについて考えてきました。その方法の一つとして、学び・成長できるという信念（増大的知能観）と学び・成長したいという動機（習得目標）に着目し、これらが自尊心を失敗から守る作用があることを二つの実験で確かめました。次の章では、もう一歩踏み込んで、なぜ学習志向性が自尊心を失敗から守ることができたのか、について考えてみましょう。

Try it! ③

1 これまでに経験した重大な失敗を一つ思い出し、失敗した理由をすべて挙げてください。それぞれの理由は、「あなたにどうしようもなかったこと」でしょうか、それとも、「どうにかできたかも知れないこと」でしょうか。前者には（－）、後者には（＋）マークを括弧の中につけましょう。

失敗した出来事（　　　　）

理由1（　　　　）（　）
理由2（　　　　）（　）
理由3（　　　　）（　）
理由4（　　　　）（　）
理由5（　　　　）（　）
理由6（　　　　）（　）

（－）マークが多いと、自分は被害者であり、責任は少ないが無力感を感じることでしょう。（＋）マークが多いほど、失敗の責任は自分にあることになるため、心理的なダメージは大きくても、失敗を避けるための方法がわかるはずです。

さて、（－）マークがついているものは、本当にどうしようもなかったことでしょうか。（＋）は本当にどうにかできたかも知れないことでしょうか。（－）と（＋）のどちらの方が失敗から学び・成長することにつながるでしょうか。

（　　　　）

2 失敗してよかった、と思った経験はありますか。なぜよかったと思うのですか。失敗してよかったと思ったのは、失敗してからどのくらい時間が経ってからですか。

（　　　　　　　　　　　　　　　　）

3 次に提示する能力は、何パーセントが生まれ持った才能によって定められていて、何パーセントが努力や環境によって変化しうるものだと思いますか（それぞれにつき合計は100パーセント）。

生まれつきの才能による割合が大きいものに●、努力・環境による割合が大きいものに○をつけましょう。●は固定的な能力観、○は増大的な能力観に対応しています。どちらが多かったでしょうか。半分ずつのものはありましたか。

	生まれつき	努力・環境	●か○
・絵の才能	（　）%	（　）%	（　）
・数　学	（　）%	（　）%	（　）
・料　理	（　）%	（　）%	（　）
・歌唱力	（　）%	（　）%	（　）
・クラシックバレエ	（　）%	（　）%	（　）
・バスケットボール	（　）%	（　）%	（　）
・整理整頓	（　）%	（　）%	（　）
・ギター	（　）%	（　）%	（　）
・文章力	（　）%	（　）%	（　）
・記憶力	（　）%	（　）%	（　）
・鈍感力	（　）%	（　）%	（　）

4 表3-2の各項目は、あなたの知能に対する考え方にどのくらいあてはまりますか。数字に丸をつけてください。

表3－2　知能観尺度

		全くあてはまらない	あてはまらない	ややあてはまらない	ややあてはまる	あてはまる	とてもよくあてはまる
1	私は一定の知能を持って生まれてきており、それを変えることは実際にはできない。	1	2	3	4	5	6
2	私の中で、知能はほとんど変えることのできないものだと思う。	1	2	3	4	5	6
3	新しいことを学ぶことはできても、基本的な知能は変えられない。	1	2	3	4	5	6

［Hong et al.（1999）、及川訳（2005）］

及川（2005）は intelligence を「才能」と訳していますが、「才能」は音楽の才能やサッカーの才能など、多分野における能力を含んでいる可能性があるため、ここでは藤井・上淵（2010）㉕に従い「知能」という言葉を用いました。これら3項目の合計を算出してください。3～18点のうち、得点が高いほど、固定的知能観、低いほど増大的知能観をもっていることになります。

第4章

学び・成長しようとするのは危険？

人は、自己価値を証明しようとするほど自尊心に執着してしまい、その結果、自尊心が脆くなります。自尊心の脆さを軽減するためには、失敗の脅威を和らげる必要があり、そのためには学習志向性が役に立つことを二つの実験で明らかにしてきました。

学習志向性が失敗の脅威を軽減させる理由として、以下のようなことが考えられます。

（1）増大的知能観を与えると、人は今後も努力次第で能力を伸ばせると思うため、失敗しても能力がないことにはならず、自尊心に脅威を受けない。

（2）習得目標をもっている人は、学習を通して自分の能力を伸ばすことが重要だと考えているため、失敗も学びの機会としてとらえることができ、自尊心に脅威を受けない。

上記（1）と（2）に共通するのは、学習志向性は「今現在の無能な自分」よりも「将来、能力を伸ばして成長している自分」へと焦点をずらしてくれる効果があるという点です。自尊心に脅威を受ける人は、自分に能力があるか・ないかの全か無かで物事を考えます。さらに学業での能力に自尊心を随伴させている人は、自分は価値のある人間か、そうでないか、という視点で成功・失敗を捉えます。しかし、学習志向性をもつことで、今現在の全か無かというデジタル的な考えから、将来に向けて、能力を徐々に伸ばしていくというアナログ的な考えにシフトすることができます。将来、能力が伸びると考えているからこそ、今現在、能力が足りないことに対しても、脅威を受けにくくなるのだと考えられます。

二つの実験を終えた筆者は、学び・成長しようとすることは、自尊心への執着から私たちを解放してくれる鍵だと確信しました。ただ、これまでの研究はどちらも実験室で行った実験です。実際の日常生活で失敗を経験したときに、学習志向性が本当に自尊心を守ることができるのかは定かではありません。定かではありませんが、きっと実生活でも学習志向性が自尊心の脆さを軽減するに違いないと確信に近い自信をもって、筆者はフィールド研究を行いました。ところがこのフィールド研究は、思いもよらない結果となりました。

1 実際の教室の中では——ミシガン大学での調査

ミシガン大学では、大学2年生を対象に社会心理学の授業を行っています。当時、大学院生だった筆者は、その授業のティーチング・アシスタントに割り当てられ、授業の準備や試験問題の作成、レポートの採点、学生からのクレームの対応など、かなりの時間を費やさざるを得ない状況にありました。ティーチング・アシスタントは、大学院生にとっては、授業運営を学ぶためのトレーニングの一環であり、またそのことで大学院の授業料が免除になるなど様々なメリットがあり、文句が言える立場ではありませんが、それでも英語での授業は筆者には荷が重く、授業の前にはストレスと緊張で胃が痙攣し、トイレから出て来られないことすらありました。寝ても覚めても授業のことばかりにエネルギーを搾り取られるので、肝心の研究に十分な時間を確保することができず、私は一体何のためにこの極寒の地（ミシガンの冬はマイナス20度になることも！）にやってきたのだろうと思ったものです。

そんなある日、ひらめいたのです。どうせティーチングに時間を取られるのだから、その時間に研究も同時に行ってしまおう！　授業中に学生からデータをとらせてもらおう！　筆者の研究は幸いにも**「学業能力に随伴する自尊心」「学習志向性」「失敗に対する自尊心の脆さ」**など、教育場面でキーワードになりそうな問題を扱っていましたので、教授を説得するのも比較的簡単でした。

そこで筆者は社会心理学を履修している大学生に研究に協力してもらうことにしました。参加に同意してくれた**142人の学生**に、まず**ウェブ調査**に回答してもらい、自尊心が学業能力に随伴している度合いや習得目標などを測定しました。その後、学生たちには実際の授業の課題をこなしてもらいました。その課題は、「自分で実験の仮説を立て、データを集め、分析し、5ページのレポートを書く」というもので、その授業の最終成績の15％を占めるものでした。学生自ら実験を進めないといけないので、決して楽な課題ではありません。レポート提出の一週間後、採点されたレポートを学生に返却します。このレポートの成績が、学生にとっての**「成功」**または**「失敗」**になるわけです。レポートを返却した直後に、リサーチ・アシスタントが質問紙を学生に配り、**状態自尊心**を測定しました。同時に、レポートの成績を研究のために使うことへの承諾を学生たちから得ました。この142人のデータを用いて、自尊心の随伴度・習得目標・成績がレポート返却直後の状態自尊心にどのように関係しているかを調べました。

もちろん筆者は前章で紹介した実験と同じような結果を予想していました。**図4-1**のように、自尊心を学業能力に随伴させている人ほど、自尊心は成績による影響を受けやすいが、それは習得目標の低い人により顕著であり、習得目標の高い人の自尊心は、成績の影響をそれほど受けないだろう、と予測していました。学び・成長したいと思う人の自尊心は、失敗しても脅威を受けないことは、すでに二つの実験で確認できていたからです。

図4-2は自尊心を学業能力に随伴させている度合いが高い人と低い人、成績が高い人と低い人、習得目

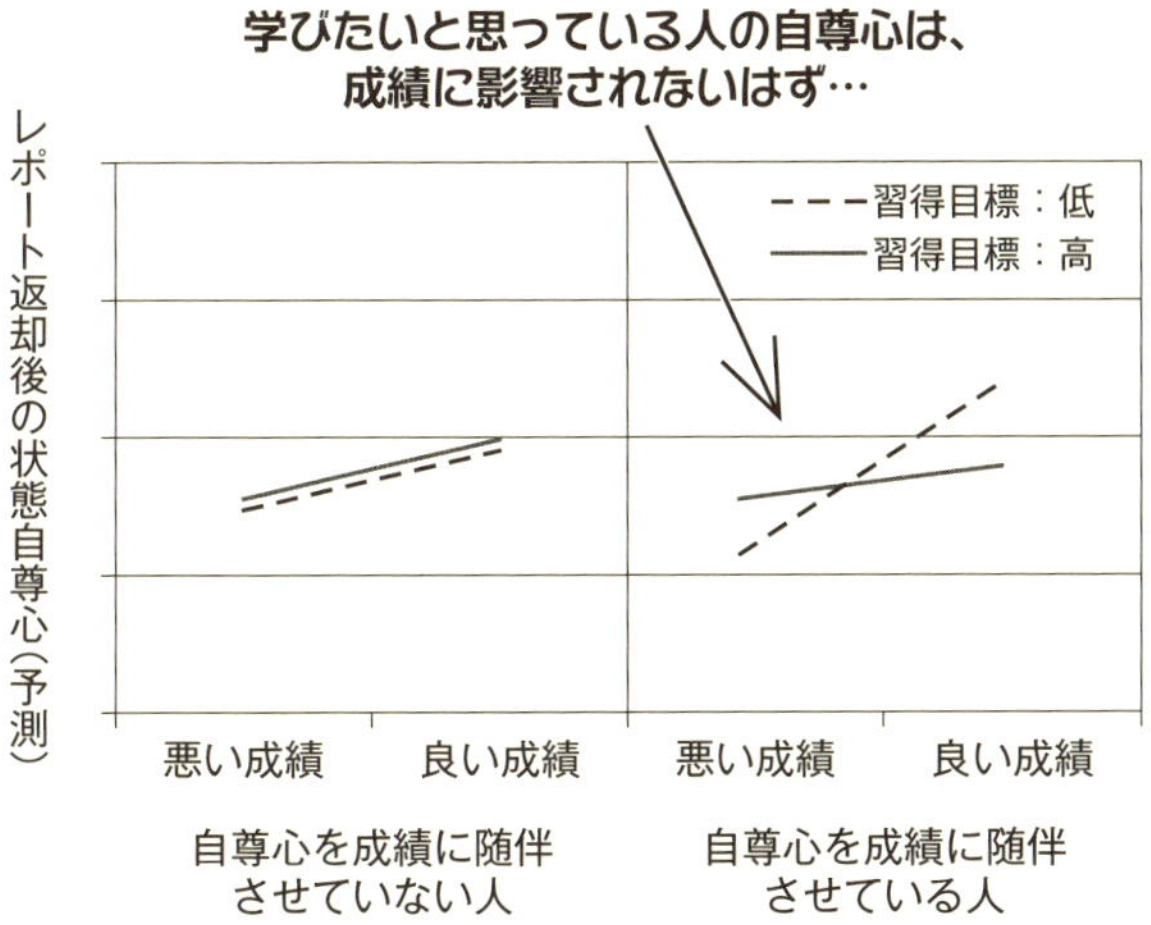

図 4-1　フィールド研究の結果の予想図

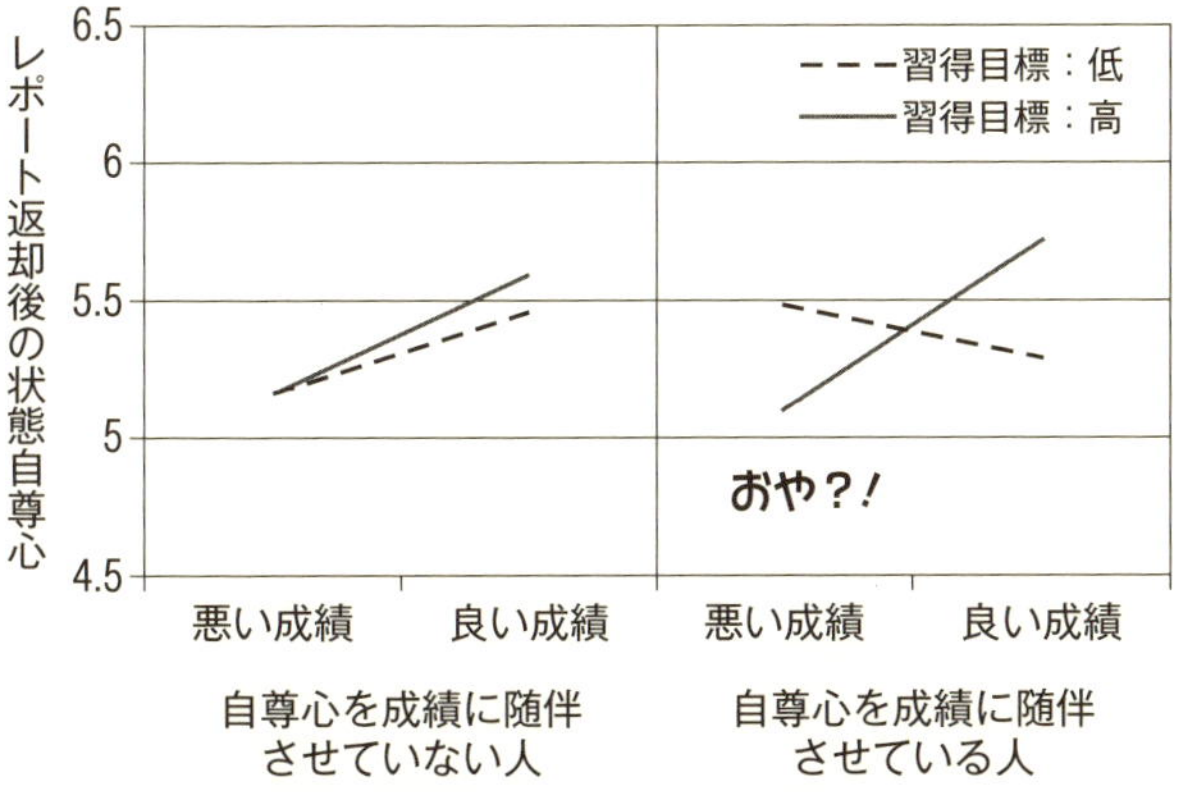

図 4-2　フィールド研究の実際の結果

〔Niiya & Crocker, 2008〕

標が高い人と低い人のレポート返却後の自尊心を表わしたものです。前章で紹介した実験では、「高い人」と「低い人」を中央値（全員を順番に並べたときのちょうど真ん中）で二群に分けていましたが、今回の「高い人」は平均値よりも1標準偏差高い人（上位16％に位置する人）、「低い人」は平均値よりも1標準偏差低い人（下位16％に位置する人）を表わしています。**標準偏差**とは、データのバラつき（分散）を表わす指標です。成績の平均値が80点だとして、標準偏差が11点だとしたら、「成績の高い人」は80＋11＝91点の人、「成績の低い人」は80－11＝69点の人となります。その人たちの自尊心を図示しているわけです。このとき、ちょうど91点の学生や69点の学生が実際にいるとは限りませんので、サンプルのデータに基づいた推測値であることに留意してください。

◎天地がひっくり返った瞬間

図4-2を詳しく見てみると、驚きの結果が出ていることがわかります。**図4-1**の予測図と比べてください。パッと見ただけではわからないかも知れませんので、じっくり見比べてみてください。

なんと自尊心を学業能力に随伴させている人（**図4-2**の右半分）では、習得目標の高い人ほど、自尊心が成績の影響を受けているではありませんか。習得目標が高い人の自尊心はレポートで悪い点数をとると、著しく低下しています。逆に、習得目標の低い人の自尊心は、成績の影響をほとんど受けていません。線はほぼ水平です。自尊心を学業能力に随伴させていない人（**図4-2**の左半分）では、成績が低いほど自尊心もやや低くなっていますが、習得目標によるちがいはほとんどありませんでした。

フィールド研究の結果は、これまで行った実験室実験の結果とも、それに基づいた**予想とも正反対**でした。これには度肝を抜かれました。データの入力のミスにちがいないと思い、リサーチ・アシスタントと二人で全部のデータを入力し直してみたくらいです。しかし何度データを確認しても、どれほど表を見つめていても、結果は変わりませんでした。

学習志向性は良いものだ、という結果が実験でキレイに2回も出ていたにもかかわらず、なぜこのような「おかしな」結果になってしまったのでしょうか。科学者の端くれである筆者ですが、その時ばかりは「神様のいたずらか?!」と思いました（その次には「この結果、なかったことにしてしまおうか……」という悪魔の甘い囁きが聞こえました）。

なぜ、学業能力に自尊心を随伴させている人は、習得目標が高い人ほど自尊心が失敗に脆くなってしまったのでしょうか。

◎もしかして新たな発見か？

少し冷静になって、実験室での実験と教室での授業で何が異なるのかを比べてみると答えが見えてきました。

前章で紹介した二つの実験では、参加者は何の準備もせずにいきなり難しいテストに挑戦させられています。テスト勉強をする機会が与えられなかったわけですから、失敗しても努力不足や準備不足のせいにすることができました。特に学習志向性の高い人は、しっかり準備さえすれば、成功したはずだと思うことができました。努力や準備をせずに失敗しても、それは本当の失敗ではないと考えていたのだと推測できます。つまり、学習志向性は、自尊心を失敗の脅威から守ったのではなく、学習志向性の高い人は、失敗したという認識がなかったために、そもそも自尊心に脅威を受けていなかったのだと考えられます。

一方、フィールド研究では、学生たちは時間も努力も要する課題を行いました。自尊心を学業能力に随伴させており、かつ習得目標をもった学生ほど、より真面目に、より熱心に課題に取り組んだはずです。自尊心を学業能力に随伴させている人ほど、学業に対するモチベーションが高く、勉強時間も長いことがわかっています。その中でも特に習得目標の高い人は、学び成長したいと考えているわけですから、なおさら努力して勉強する頑張り屋であったはずです。

頑張って良い成績を収められればよいのですが、なかには努力したにもかかわらず、悪い成績になってしまった学生もいたはずです。努力して自分の能力を伸ばそうとしている学生（つまり習得目標の高い学生）で、その伸ばした能力で自己価値を証明したい学生（つまり自尊心を学業能力に随伴させている学生）にとって、努力しても能力を証明できないことは、大変な脅威です。失敗を努力不足のせいにはできないのです。人一倍努力したからこそ、失敗がより大きな脅威として自尊心にダメージを与えたのだと考えることができます。自尊心を学業能力に随伴させていても、習得目標の低い学生は、習得目標の高い学生ほど努力しなかった分、失敗を努力不足のせいにできるので、自尊心に脅威を受けにくくなっていたのかも知れません。

このように考えると、散らばっていたパズルのピースが気持ちよく所定の位置に納まった時のように、すっきりします。学習志向性は、自尊心への執着を解消してくれるわけではないことが見えてきました。もし本当に自尊心への執着がなくなっているのであれば、努力した上で失敗を経験しても自尊心に脅威を受けないはずです。しかし、どうやら学習志向性は、状況によっては失敗の脅威を取り除くどころか、脅威を倍増させてしまうことが見えてきました。

2　学び・成長したいと思う人はわざと失敗を招く？

学習志向性は、必ずしも自尊心への執着を解消してくれるものではないことが、フィールド実験で見えてきました。学習志向性の高い人は、低い人とは異なった方法で自己価値を証明しようとしているのに過ぎないのではないでしょうか。学習志向性をもった人が失敗を経験すると、「今回はダメだったけど、次はきっと成功する」と思うことで、自尊心へのダメージを回避します。今は能力が足りなくても、次回までには能力を伸ばせると信じています。そのため、失敗後もモチベーションを維持し、努力を続けます。しかし、努力を重ねたにもかかわらず、再度失敗してしまった場合は、頑張れば成功すると信じている人ほど、自尊心に大きなダメージを受けてしまいます。固定的知能観をもつ人が、「今ここで自分に能力があることを証明して、自己価値を確かめたい」と思うのと同じように、増大的知能観をもつ人は「能力を伸ばせることを証明して、自己価値を確かめたい」と思っている可能性があります。この場合、たとえ学習志向性をもっていても、自尊心への執着は強いため、努力をしても能力が伸びなかった場合に自尊心に脅威を受けるだろうと推測できます。

このように考えると、学習志向性の高い人ほど、努力することに対して慎重になることが予想できます。努力して失敗することが特に脅威になるのですから、失敗するリスクがある場合は、努力しないでおく方が自尊心にとっては無難です。つまり、失敗のリスクがあるときは、あえて努力を控えるなどして、能力不足以外の口実を作り、**セルフ・ハンディキャッピング**することが考えられます（セルフ・ハンディキャッピングについては第2章で詳しく説明しているので、忘れた方はそちらを参照してください）。

◎わざと失敗しそうな環境を作り出す

学習志向性の高い人は、学習志向性の低い人よりもセルフ・ハンディキャッピングをするのでしょうか。まず一つ目の実験では、参加者の自尊心が学業能力に随伴する度合いと増大的知能観を測定しました。その後、言語能力課題を行うと説明し、例題としてランダムに難しいRAT問題を二つ、または簡単なRAT問題を二つ提示しました。簡単な例題を見た参加者は、これから行う課題も簡単だろうと予測し、難しい例題を見た参加者は、これから行う課題はかなり難しく、失敗するリスクも高いと感じたはずです。

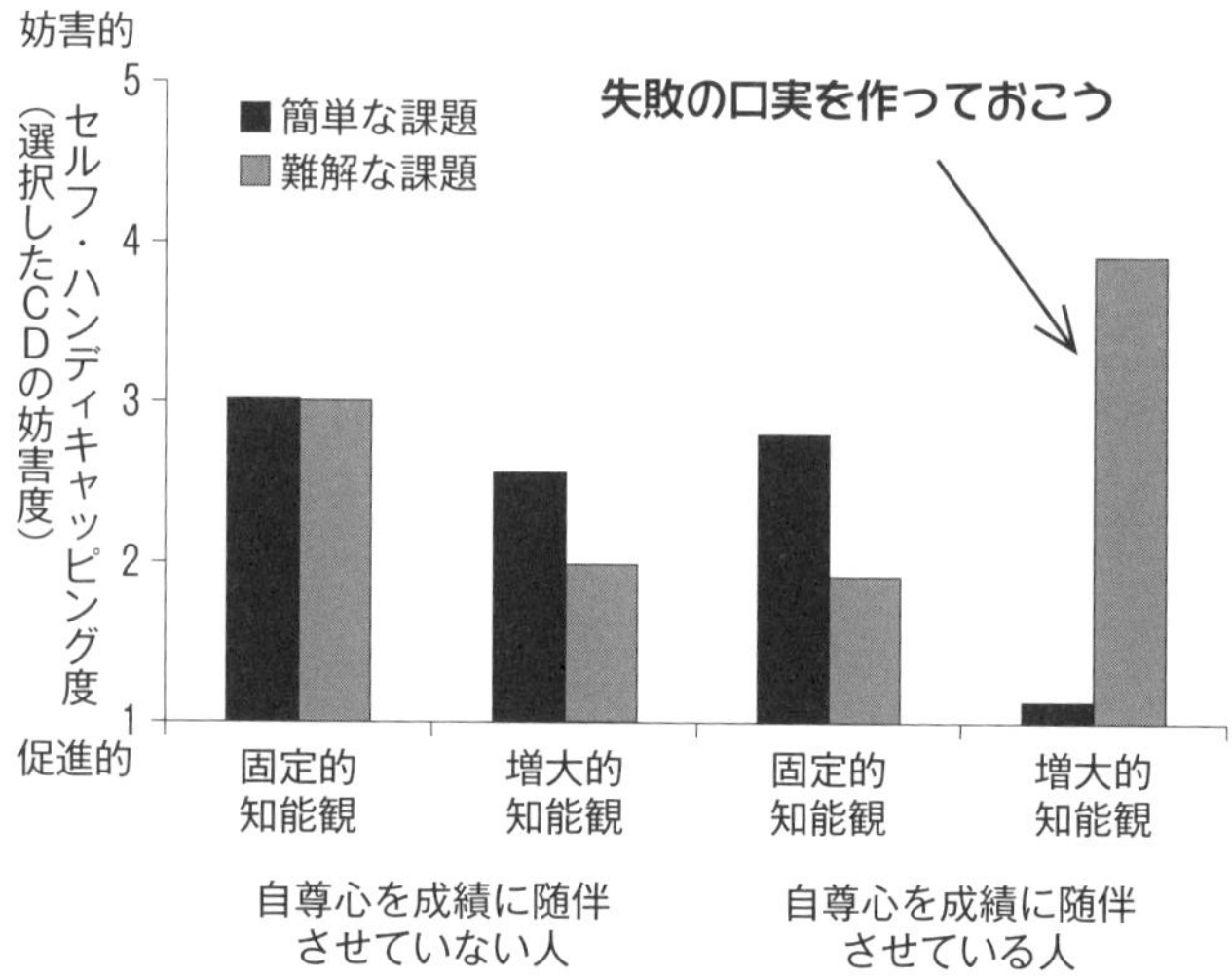

図 4-3　自尊心を成績に随伴させている人が増大的知能観をもつと、失敗の口実をあえて作る　〔Niiya, Brook & Crocker, 2010〕

さらに参加者には、この実験では「音楽が知的課題の成績に及ぼす影響を調べている」と嘘の説明をし、RATを受ける際に音楽を聴いてもらうことになると言いました。CDは4種類あり、それぞれ「とても促進的（＋＋）」「やや促進的（＋）」「ふつう」「やや妨害的（－）」「とても妨害的（－－）」というラベルが貼ってありました。どのCDを選ぶかを参加者のセルフ・ハンディキャッピングの指標としました。選んだCDが「とても促進的（＋＋）」であれば1点、「やや促進的（＋）」は2点、「ふつう」は3点、「やや妨害的（－）」は4点、「とても妨害的（－－）」は5点とし、数値が高いほどセルフ・ハンディキャッピングの傾向が高いように換算してあります。より妨害的な音楽を選ぶほど、失敗をCDのせいにできるので、セルフ・ハンディキャッピング傾向が強いことになります。

参加者がどのCDを選んだかを**図4-3**に示しています。特に図の右半分の自尊心を成績に随伴させている人たちの結果に注目してください。増大的知能観をもつ人は、これから難しい課題をするという時に、妨害的なCDを選んでいるのがわかります。難しい課題

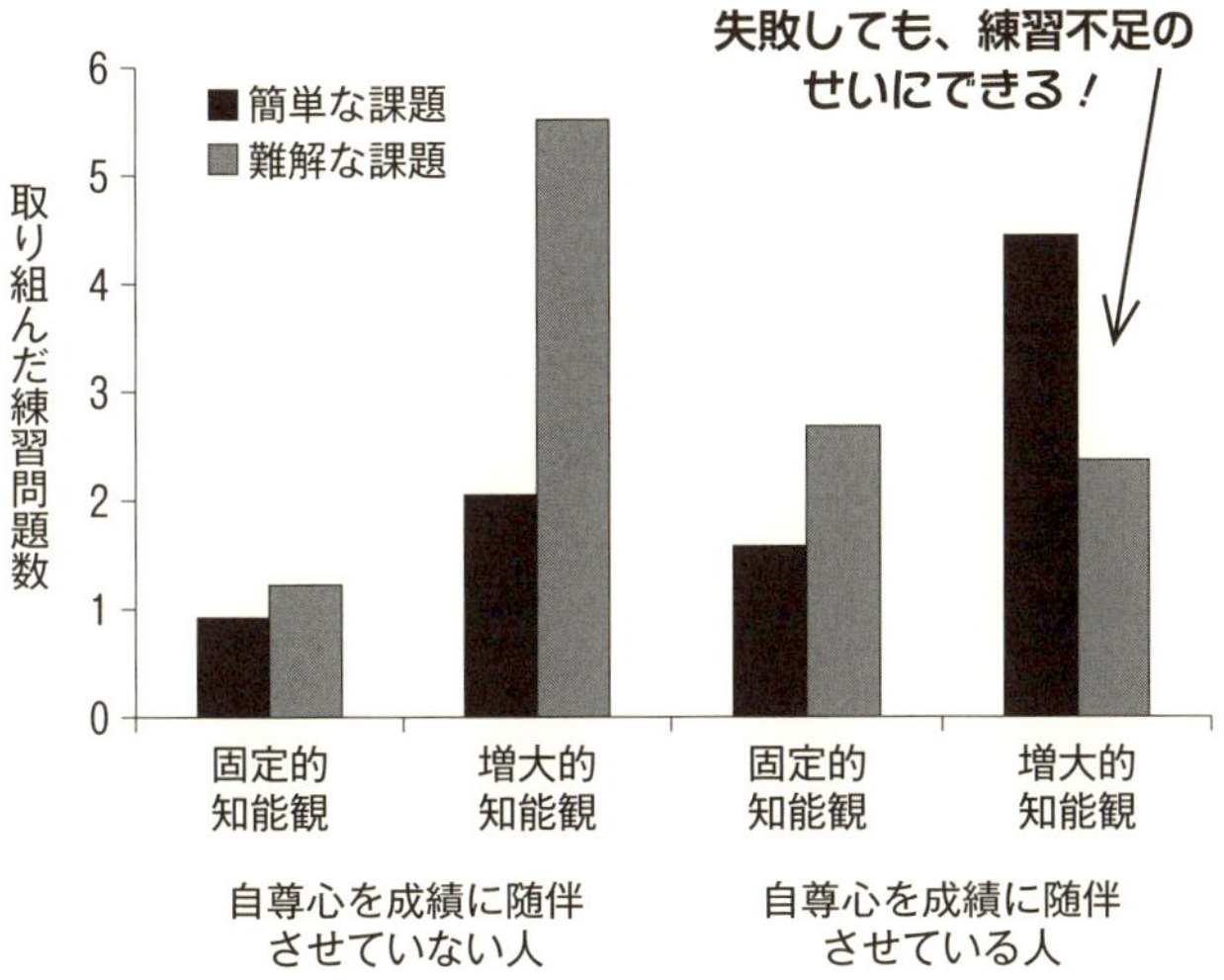

図 4-4　自尊心を成績に随伴させている人が増大的知能観をもつと、あえて練習を避ける　〔Niiya, Brook & Crocker, 2010〕

に取り組む時は、失敗のリスクが高くなります。能力を促進する音楽を聴いて、一生懸命取り組んだ上で失敗すれば、自尊心に脅威になりますが、妨害的な音楽を聴いていたのであれば、失敗を音楽のせいにすることができ、自尊心を守ることができます。これは明らかに**セルフ・ハンディキャッピング**です。一方、自尊心を学業能力に随伴させていない人では、増大的知能観をもつ人のセルフ・ハンディキャッピング傾向は見られません。

◎わざと練習問題をしない

次の実験では、参加者に増大的知能観または固定的知能観を喚起させる嘘の記事を読ませた上で、ランダムに難しいまたは簡単なＲＡＴ問題を二つ提示し、セルフ・ハンディキャッピングの指標として、本テストの前にどのくらいＲＡＴの練習問題に取り組むかを測定しました。

図4-4は練習問題をどのくらい行ったかを示したグラフです。取り組んだ練習問題が少ないほど、セルフ・ハンディキャッピングを行ったことになります。

自尊心を成績に随伴させていない人（**図4-4**の左半分）では、増大的知能観を与えられた人は、課題が難しいと思うときにより多くの練習問題をこなしていました。増大的知能観を与えられた人の方が頑張っている様子がうかがえます。

ところが自尊心を成績に随伴させている人（**図4-4**の右半分）では、増大的知能観を与えられた人は、課題が易しい場合には練習をするものの、難しい場合には練習を控える傾向が見られました。つまり、増大的知能観を与えられた人は、失敗のリスクが高いと、練習を控えることで、失敗の口実を残しておこうとしていると解釈できます。自尊心が特定の領域に随伴している人は、増大的知能観をもつと、**セルフ・ハンディキャッピング**を行い、自尊心を守ろうとしているのがわかります。増大的知能観は、自尊心を失敗の脅威から守るどころか、失敗の脅威を倍増させるものであると言えます。

3　学び・成長したい人が失敗の口実を作れなかったらどうなる？

自尊心が学業能力に随伴していて、かつ増大的知能観を与えられた人は、失敗の可能性がある場合は、あえて練習を避けて、失敗の口実を作ることがわかりました。自尊心を守るために練習を避けているのであれば、練習した上で失敗すれば自尊心に大きなダメージを受けることが予測されます。これを次の実験で調べました。

実験は前のものとほぼ同じですが、練習するかしないかを参加者に選ばせる代わりに、参加者をランダムに「練習をさせる群」と「練習をさせない群」に分け、練習の有無をこちらで操作することにしました。本番のRATはかなり難しく、練習をした群もしなかった群も、どちらも失敗に終わりました。その後、状態自尊心と、RATの成績の原因がどのくらい自分にあるか、または状況にあるかを評定してもらい、最後に

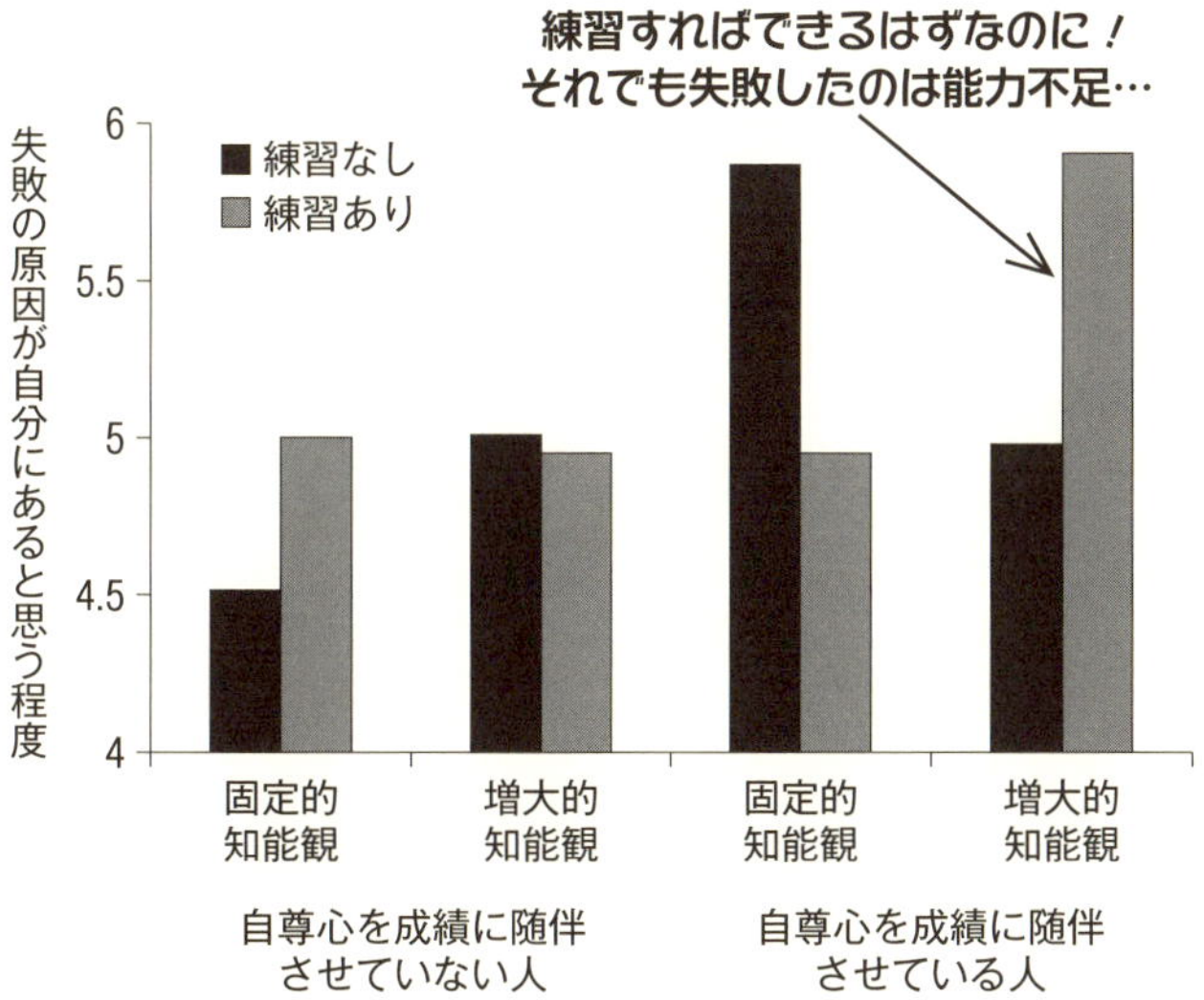

図4-5　自尊心を成績に随伴させている人が増大的知能観をもったまま失敗すると、自分を責める　〔Niiya, Brook & Crocker, 2010〕

タネあかしを行い、実験を終了しました。

◎練習したのに失敗するのは自分に能力がないから

図4-5には失敗の原因がどの程度、自分にあると思うかの評定をまとめた結果です。自尊心の随伴度が高い人（図4-5の右半分）に注目してください。

固定的知能観を与えられた人は、自分に能力があれば、練習をしなくても良い成績が収められるはずだと思っているので、練習せずに失敗してしまうと、それは自分に能力がないせいだと感じるようです。しかし、練習を強いられた場合は、失敗を自分以外の要因（たとえば無駄な練習）のせいにしています。

一方、増大的知能観を与えられた人は、練習をすれば能力が伸び、良い成績が収められるはずだと思っているので、練習したのに失敗してしまうと、自分が無能なせいだと感じるようです。しかし、練習の機会を与えられずに失敗した場合は、失敗を練習不足のせいにできます。このような現象は、自尊心を成績に随伴させていない人（図4-5の左半分）では見

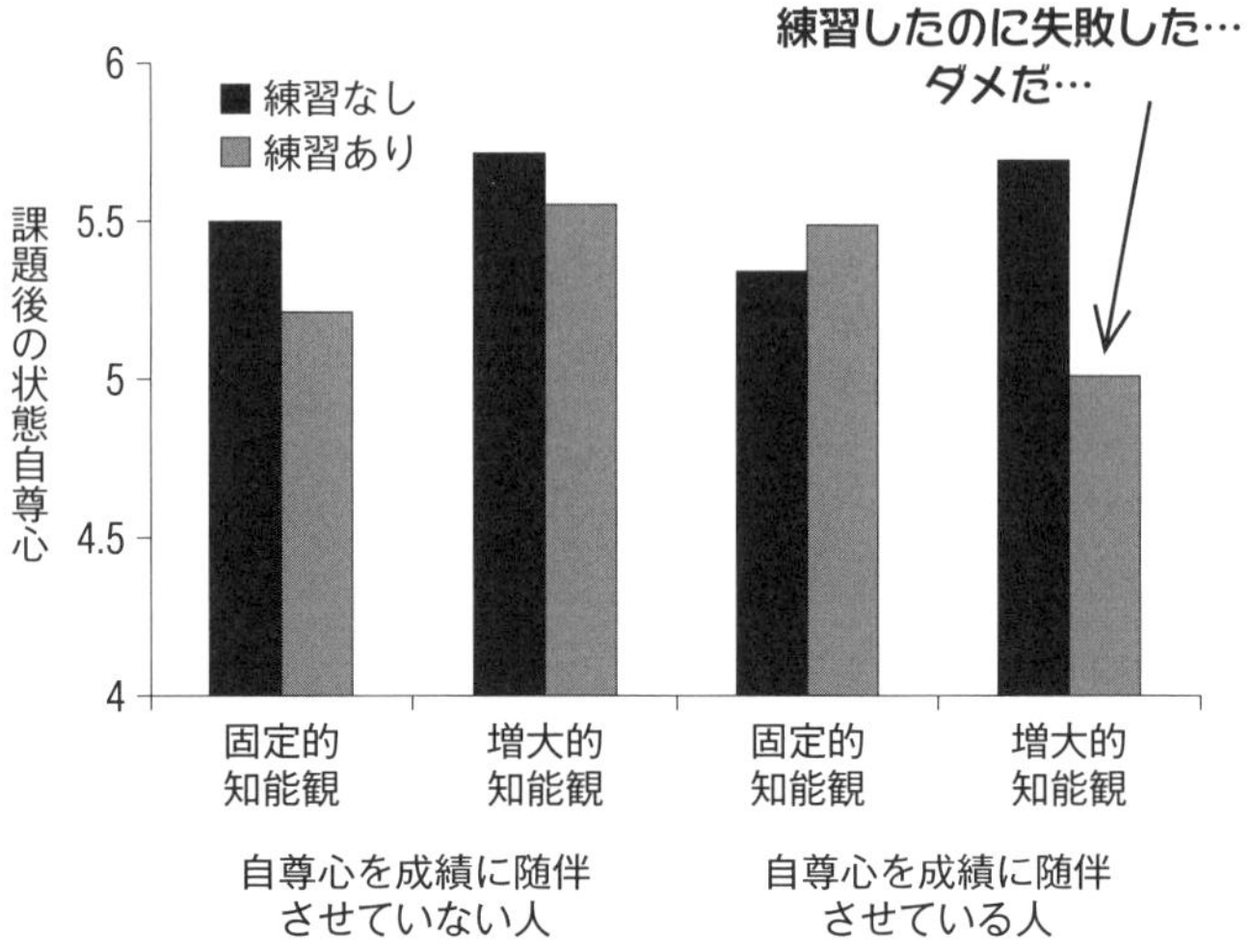

図 4-6　自尊心を成績に随伴させている人が増大的知能観をもったまま失敗すると、自尊心が低下する　〔Niiya, Brook & Crocker, 2010〕

られません。そもそも失敗で自分の能力を見極めようとは考えないからです。

◎練習したのに失敗すると自尊心がかえって傷つく

図4-6は失敗後の状態自尊心をまとめた結果です。結果はあまりはっきりしていませんが、特に自尊心の随伴度の高い人たちが増大的知能観を与えられた場合（**図4-6**の右端）、練習の有無が自尊心に大きな影響を与えているのがわかります。練習する機会が与えられないまま失敗した場合は、自尊心が高いままですが、練習したのにもかかわらず失敗してしまった場合は、自尊心が顕著に低下しています。つまり、自尊心の随伴度が高く、増大的知能観をもつ人は、セルフ・ハンディキャッピングできないまま失敗してしまうと、自尊心に脅威を受けています。

以上の結果から、随伴した自尊心をもっている人の場合、増大的知能観は失敗の自尊心に対する脅威を低減しないどころか、増大的知能観を与えられた人は、かえって失敗の脅威を受けやすくなることがわかりました。そのため、失敗の可能性がある時は、練習や努力を避けるなどのセルフ・ハンディキャッピングを行い、それがうまくいかない時は、自尊心が低下してしまうこともわかりました。前記の実験は、増大的知能観を扱っていましたが、習得目標でも同じような結果が得られると考えることができ、学習志向性一般についても、同様であると推測することができます。

学習志向性の強い人は、失敗に打たれ強く、熱心に勉強し、努力を厭わないという研究結果が多く報告されている中で、今回の一連の研究は、学習志向性にも問題があることを明らかにした点でユニークであると言えます。

4 表面的な学びと根本的な学び

学習志向性の強い人は、学び・成長したいと思っているにもかかわらず、失敗が自尊心の脅威となると、失敗を避けるためにあえて簡単な課題を選んだり、練習を避けてセルフ・ハンディキャッピングを行ったりして、学習の機会を自ら手放しています。失敗は絶好の学びの機会であるはずなのに、学習志向性をもった人が失敗を恐れて学びの機会を失うのは皮肉なものです。

失敗から学び・成長するのは、学習志向性の強い人でも容易なことではありません。学習志向性の強い人が失敗を経験すると、多くの場合、「努力が足りなかった」「準備が不十分だった」といって、さらに頑張る傾向があるように思います。失敗後にさらに努力を重ねることは、一見、適応的な反応のように見えるかも知れません。しかし、これは本当の意味で失敗から学習しているとは言えません。

たとえばAさんがクライエントに向けての提案をまとめ、数週間かけてスライドを用意し、何度も練習を重ねた上で、本番のプレゼンを行ったとします。できることは全てやり、全力で当日のプレゼンを行い、Aさんは自分でも良い出来栄えだったと感じました。ところが期待に反し、クライエントの反応は悪く、Aさんの提案に対しても批判的で、プレゼンは失敗と言わざるを得ませんでした。このような時、Aさんはどのように感じるでしょうか。失敗について、どのような思いを巡らせるでしょうか。

これだけ頑張ったのに、悔しい、腹立たしい、悲しいと感じるはずです。クライエントに見る目がないと憤慨するかも知れませんし、自分が非力であることを嘆くかも知れません。落ち込んでやる気をなくしてしまうかも知れません。

感情の波が一段落したら、Aさんは失敗の原因についてあれこれ考えるはずです。プレゼンの途中でもっとクライエントの目を見るべきだったのではないか。スライドに載せる情報量が多すぎたのではないか。それとも少なすぎたのではないか。もう少し丁寧に説明すれば良かったのではないか。提案が平凡すぎて魅力に欠けていたのではないか。あるいは大胆すぎたのではないか。そして、Aさんは、「次はもっと頑張ろう、そうすればきっとうまくいくはずだ」と思うようになるでしょう。しかし、これで本当に失敗から学習したと言えるのでしょうか。

◎そのエアコンはなぜ27度に設定されているの？

アージリス[3]は、失敗からの学習には、**シングル・ループ学習**と**ダブル・ループ学習**という二種類があると言っています。この二種類の学習を説明するのに、アージリスはエアコンの温度センサーのたとえを用いています。冷房などについている温度センサーは、部屋の気温が設定温度より高くなるとスイッチが入り、部屋が十分冷えてくるとスイッチが切れるようになっています。このようにして部屋の温度を一定に保とうとします。アージリスはシングル・ループ学習は温度センサーと同じだと言っています。私たちは何か問題が生じれば、それを解決するための行動をとります。間違いがあったら、それを正します。プレゼンが失敗だったら、次は失敗しないように頑張ります。何をして、何をしなかったから失敗したのかを理解するのがシングル・ループ学習です。「スライドの文字が小さかった」「説明が不十分だった」、という問題に対し、次回はより大きい文字を使い、説明の時間を増やそうとするのがシングル・ループ学習です。

しかし、部屋の温度はそもそもなぜ27度に設定されているのでしょうか。はたして27度は最適な温度なのでしょうか。そこまで考えるのがダブル・ループ学習だとアージリスは言っています。私たちが行動を起こすとき、その行動は様々な前提（きっとこうだろうという思い込み）に基づいています。その前提がはたして正しいのか検証することで、より深く、失敗の原因を解明することができ、それこそがダブル・ループ学習なのだと説明しています。スライドの文字が小さかったのは、そもそもなぜなのでしょうか。説明時間が十分取れなかったのはなぜなのでしょうか。それを突き詰めていくと、重要な提案とそうでない提案がすっきり整理されていなかったことや、提案とその背景の情報が明確でなかったことなどが思い至るかも知れません。説明が不十分だと感じたのも、結局、些末な提案の説明に時間を取り過ぎて、大きい提案の説明に十分な時間を残すことができなかったという理由に行きつくかも知れません。

◎「そもそもなぜ」を問うこと

ダブル・ループ学習には「そもそもなぜ」と問うことが必要です。そもそもなぜ大きな提案と些末な提案の区別ができなかったのでしょうか。そもそもなぜ些末な提案の説明に時間を取り過ぎてしまったのでしょうか。もしかすると、重要な提案と些末な提案の違いが自分にはわからず、上司に確認すればよかったものの、上司にバカにされたり、叱咤されたりすることが嫌で、あやふやなまま、「わかったつもりになって」プレゼンを行ってしまったのかも知れません。この場合、失敗の原因はスライドの文字が小さかったことではなく、職場での上司との信頼やコミュニケーションに一因があることになります。また、上司に相談するとバカにされるだろう、叱責を受けるだろう、というのは事実なのでしょうか。それとも単なる思い込み（前提）なのでしょうか。そもそもなぜそのような思い込みをしているのでしょうか。

ダブル・ループ学習には「なぜ」の連鎖によって、深いところまで失敗の原因を追究することが求められます。その深い根元にある原因が明らかになれば、本当の意味で失敗から学習したと言えるでしょう。一方、シングル・ループ学習では、次のプレゼンでスライドの文字を大きくすればよいことを学びますが、失敗の真の原因を究明したわけではないので、次のプレゼンも失敗する可能性があり、表面的な学習しかなされていないことがわかります。

学習志向性の強い人が自尊心に脅威を受けると、ただちに失敗の原因を見つけ、状況を立て直そうとすると考えられます。スライドの文字を大きくしたり、より努力をする、といったことは簡単にできることなので、手っ取り早く失敗を挽回したい人にとっては好都合なのです。学習志向性の強い人が「失敗から学習する」場合、たいていがシングル・ループ学習であると言えます。ダブル・ループ学習を行うには、失敗の原因を深く追求していく必要があり、自分にも責任がある可能性も高く、自尊心の脅威となります。そのため、自尊心に脅威を受けている状態ではダブル・ループ学習は難しいと考えられます。ダブル・ループ学習を行うには、失敗の脅威をしっかり取り除く必要があります。

学習志向性は、練習や努力をしていない状況では、失敗の脅威を緩和することがわかりましたが、自尊心への執着そのものを解消してくれるものではなく、練習や努力をした上で失敗した場合は、より一層、自尊心が脆くなることがわかりました。では、自尊心の執着から逃れるにはどうすればよいのでしょうか。自尊心を高める以外に、幸せになる方法はあるのでしょうか。次の章ではいよいよ自尊心の執着から解放されるための方法について考えます。

Try it! ④

1 以下の例は、固定的な信念をもった人の考え方です。増大的な信念の人はどのように考えるでしょうか。

「この仕事は自分に向いているだろうか」 ➡ 「　　」

「この人との相性はいいだろうか」 ➡ 「　　」

「どうせ敵いっこない」 ➡ 「　　」

「努力しなくてもできるはず」 ➡ 「　　」

「自分には十分な能力があるだろうか」 ➡ 「　　」

「自分の能力が活かせる仕事がしたい」 ➡ 「　　」

2 以下にいくつかの失敗例とシングル・ループ学習の例を記します。ダブル・ループ学習につなげるには、どのような問いかけが必要でしょうか。

◆資格試験のために一ヶ月も週末を徹して勉強したのに、合格できなかった。

シングル・ループ学習：勉強時間が足りなかったのかも。次回は二ヶ月前に準備を始めよう。

ダブル・ループ学習（　　）

◆あのクライエントは、任せると言っておきながら、こちらの提案にケチばかりつける。結局、期日に間に合わなくなってしまった。

シングル・ループ学習：次もまたケチつけるにちがいないから、代替案も用意しておこう。

ダブル・ループ学習（　　　　　　　　　　　　　　　　　　　　　　　　）

◆最近、忙しくてあまり彼（彼女）と会う時間がとれなかった。かなり機嫌が悪いようだ。

シングル・ループ学習：来週は残業をなくして、彼（彼女）との時間をとってあげよう。

ダブル・ループ学習（　　　　　　　　　　　　　　　　　　　　　　　　）

◆減量するためにラーメンと酒を断って、ジムにも通いはじめたのに、ちっとも痩せない。

シングル・ループ学習：よーし、これからは週三日、ジムに通うぞ。

ダブル・ループ学習（　　　　　　　　　　　　　　　　　　　　　　　　）

3 表4-1の文章は、あなたにどのくらいあてはまりますか。1～6の数字に丸をつけてください。

表4-1　セルフ・ハンディキャッピング尺度

		全くあてはまらない	あてはまらない	ややあてはまらない	ややあてはまる	あてはまる	非常によくあてはまる
1	本を読もうとする時、物音や空想で集中できなくなりやすい。	1	2	3	4	5	6
2	他人の期待にこたえられない時、理由づけしようとする。	1	2	3	4	5	6
3	人より体調が悪いことが多い。	1	2	3	4	5	6
4	ぎりぎりまで物事を先にのばすほうである。	1	2	3	4	5	6
5	どんなことでも、いつもベストを尽くす。*	1	2	3	4	5	6
6	自分はもっと努力すれば、もっとうまく出来るのにと思う。	1	2	3	4	5	6
7	人に負けたりうまくいかなくなったりしても、余り傷つかないですむように、人とは張り合わないことにしている。	1	2	3	4	5	6
8	食べすぎたり飲みすぎたりすることがよくある。	1	2	3	4	5	6
9	失敗すると、すぐ状況のせいにしたくなる。	1	2	3	4	5	6
10	一日か二日の軽い病気なら、時には病気であることを楽しんでしまうこともある。	1	2	3	4	5	6

［Strube（1986），沼崎・小口訳（1990）］

実際の尺度は23項目からなりますが、ここでは「やれない」項目と「やらない」項目から代表的なものを５つずつ抜粋してあります。＊のついた項目（５）に関しては、１→６、２→５、３→４、４→３、５→２、６→１と変換したうえで、全項目のスコアを合算してください。スコアが高ければ高いほど、セルフ・ハンディキャッピングを行う傾向があることを示します。

第5章 自尊心から解放される

自尊心を高めても幸せにはなれない――ここまでの章では、自尊心にこだわり過ぎると様々な弊害があり、結局は幸せから遠ざかってしまうことを示す研究を紹介してきました。私たちがそれでも自尊心に執着してしまうのはなぜなのでしょうか。幸せになるには、高い自尊心ではなくて、何が必要なのでしょうか。自尊心の追求から解放されるためには、代わりに何を目指せばよいのでしょうか。この章ではまず、理論的な話をします。これらの理論を裏付ける研究の紹介はその次の章で行います。

1　幸せに本当に必要なものは？

自尊心を高めても手に入らない本当の幸せとは何なのでしょうか。幸せになるには何が必要なのでしょうか。

デシとライアン(19)は、**人間の基本的な心理的ニーズ**を三つ挙げています。**ニーズ（needs）**は日本語では「欲求」と訳されることが多いのですが、日本語の「欲求」は「何かを欲しいと思うこと」であり、デシらの意味する「ニーズ」よりも広い意味合いがあるので、本章ではあえてカタカナで「ニーズ」という言葉を用います。「ニーズ」には、必要不可欠なもの、という意味合いがあります。基本的なニーズは長い間満たされなければ、幸せどころか社会の一員として機能できなくなるほど、人として重要なものばかりです。

◎幸せに欠かせない三つの要素

基本的ニーズの一つ目は**自律性**（autonomy）です。これは自分で自分の行動を決められることを指します。人に言われたから何かをするのではなく、自分で「これがやりたい」「これをやるべきだ」と感じて行動しているとき、自律性が高いということになります。子どもが「本当はテレビが見たいけど、宿題やらないとお母さんに怒られるし、明日学校に行ったときにカッコ悪いから、仕方ない、ここはテレビを我慢して宿題をやっておくか」と思って宿題をやっている場合、たとえしぶしぶでも、本人が宿題をやった方が良いと納得してやっているので、自律性はそこそこあると言えます。逆に、母親が「宿題が終わるまでテレビは禁止よ！」と言ってリモコンを取り上げて無理やり机に向かわせてしまった場合は、子どもの自律性はほとんどないと言えます。もちろん、子どもが「宿題はおもしろいから、やりたい！」と言って取り組むときに、自律性は最も高くなります。

自律性は「自分で行動を決めること」であり、「好き勝手にやること」ではありません。これらはよく混同され、そのせいで「日本人は自律性を必要としない」といった誤った主張を耳にすることがあります。日本人は好き勝手な行動をするよりも、他者の目を気にして、周囲の期待や規範に見合った行動をとる傾向があります。しかし、それは日本人に自律性がないからではありません。多くの日本人にとって、他者に迷惑をかけない、他者の期待に応える、というのは自ら望んで選択する行動であり、そうしたいと思ってそういう行動をとっているので、自律性が高いことになります。自分で自分の行動を決定できることは人としての基本的なニーズであり、日本人にとっても幸せに必要不可欠だと言われています。

基本的ニーズの二つ目は**有能性**（competence）です。有能性とは、自分で決定した行動を実行する能力があること、またはそのような能力があると感じられることです。夕方5時までに報告書を仕上げようと自律的に決めても、必要な資料をどこで手に入れられるかわからなかったり、文章作成のスキルがあまりにも低かったりすれば、目標は達成できません。有能性のニーズを満たすことも幸せには必要なのです。有能性の中には「やろうと思えばできる」と感じることも含まれています。資格を取ろうと自分で決めて、毎日勉強しているような場合、初めから合格するのに十分な能力や知識が備わっている必要はありません。努力して勉強すれば、いつかは資格が取れるだけの能力が身につくだろうという自信（自己効力感）があれば、有能性のニーズを満たすことができます。

どのくらいの能力があれば有能性を感じることができるのか、それは人によって千差万別です。また個人でも「これができれば有能である」という明確な基準があるとは限りません。人は大小様々な成功を経験することで、漠然とした「できる」「できている」という感覚が生まれ、有能性のニーズを満たすことができます。

そして基本的ニーズの三つ目が**関係性**（relatedness）です。人と良好なつながりをもっている、またはもっていると感じられることです。誰かに対して思いやりを感じ、また人からの思いやりを感じたり、深い情緒的なつながりを感じたり、意味のある集団の一員であると感じたりすることで、関係性のニーズが満たされます。

これらのニーズが充足されればされるほど幸せになれることは多くの研究が示しています。たとえば、これらのニーズのそれぞれが満たされている人ほど、人生の満足感が高く、仕事や学業にやりがいを感じ、健康であることがわかっています。また、同じ人間でも日によって、ニーズの満たされている日とそうでない日がありますが、ニーズが満たされている日ほど、気分が良く、活力があり、身体的な症状が少なくなることがわかっています。その他にも、誰と付き合うか、相手との交際を続けるか否かを自律的に決められる人ほど、関係満足度が高く、関係が安定するという結果もあります。逆に、これらのニーズが満たされないと、様々な問題が生じます。たとえば自律性のニーズが満たされないと、仕事でも学業でもパフォーマンス、特に創造力や思考の柔軟性を要する課題の成績が低下します。また、自律性のニーズが長期にわたって阻害されるような環境にいると、様々な心理障害が生じると言われています。

◎自尊心を高めたら幸せのニーズを満たせるか

私たちは自尊心を高めたら、幸せになると信じていますが、自尊心を追求しても、これらの三つの基本的ニーズは満たされません。まず一つ目の自律性ですが、自尊心を気にしていると、私たちは自尊心を維持・防衛するのに必要な行動を強いられることになります。また、自尊心を高めるためには、他者が自分を高く評価してくれるのが一番良いのですが、他者からの評価は、もちろん自分に決定権がありませんので、自律性はありません。自分がやりたいことよりも、自尊心のためにやらねばならないことを優先させるので、自律性のニーズが満たしにくくなります。また、自分の自尊心を守り、自己評価を高めることを優先するので、人間関係が二の次になってしまい、関係性のニーズも十分満たされません。重要な課題に失敗すると、自尊心に対する脅威から自己を守るために、失敗を他者のせいにしたり、他者から距離を取ろうとしたりすることは第2章でも述べたとおりです。さらに、有能性のニーズも満たされません。自尊心を守るために簡単な課題を選んだり、セルフ・ハンディキャッピングをしたりするので、能力を伸ばすこともできません。また、失敗する度に、自分は能力がないことを思い知らされる上、失敗から学ぶこともありません。

自尊心を追求しても私たちの基本的なニーズが満たされないのに、残念なことに、私たちはそれに気がついていないのです。

2　それでも自尊心にこだわるわけ

ではなぜ、それほどまでに自尊心を守ることに執着してしまうのでしょうか。自己評価が高いことにどのようなメリットがあるのでしょうか。

私たちが自尊心に執着してしまうのは、自尊心の高揚が強い快感情を伴うためですが、自尊心がそのような高揚感をもたらすのは自尊心が他者からの受容と密接な関わりがあると信じているためだと考えられます。第1章で紹介した**ソシオメーター理論**によると、自尊心は自分が社会にどのくらい受け入れられているかを測るための計測器の役割を果たしています。自尊心が十分に高いと、自分は価値のある人間ということになり、他者からも尊敬され、愛され、受容される存在だという安心感を得ることができます。一方、自尊心が低いと自分は価値のない人間ということになり、他者や集団に拒絶されてしまうという危機感が生まれます。人は一人では生きていけない存在です。太古の昔ではまさに生死に関わる問題だったのでしょう。自尊心が低下すると、いてもたってもいられなくなるのは、そのためです。そこで、人は関係を修復し、社会に再び受け入れてもらおうとします。

ところが、自尊心を高めれば人に受け入れられているという安心感が得られることから、私たちはいつしか、自尊心さえ高めれば、人に受け入れられると勘違いしてしまうようになったようです。たしかに、私たちは自尊心の低い人よりも高い人に魅力を感じます。しかし、自尊心の高い人が社会的に受容される傾向があったとしても、自尊心を高めることが、社会的受容にはつながるわけではありません。他者に受容され、必要とされることで結果的に自尊心が高まるのであって、自尊心を高めたから他者に受容されるわけではないのです。他者に受容され、必要とされたいのであれば、直接、他者のためになるような行動をとればよいのに、私たちはいつからか社会的受容を反映する計測器に注意を払うあまり、そもそもの社会的受容を犠牲にしてしまったと言えます。

3　自尊心の追求に代わるもの

クロッカーら[15]は、自尊心の追求とそれに代わる考え方として、エゴシステムとエコシステムという概念を提唱しました。

◎自分のニーズを中心としたエゴシステム

エゴシステム（egosystem）とは、エゴ（自分）のニーズを中心に置いた動機づけシステムです。自尊心の追求は、自分が常に中心にあるので、エゴ（自分）中心のシステムであるとクロッカーらは説明しています。「自分はどう見られているか」「自分は高く評価されているか」「自分は周囲の人から好かれているか」「自分は他者よりも能力があると思われているか」は、どれも「自分」が中心にあります。

　エゴシステムでは、自分が必要とする評価・承認・愛情・サポートなどの自分のニーズを満たすことが最重要課題となります。**図5-1**のように、全ての矢印は自分に向けられています。あのクライエントは自分の発表を気に入ってくれただろうか。上司は自分のことを「仕事のできる人間」だと思ってくれているだろうか。同僚は自分のことを「信頼できる人」だと思ってくれているだろうか。あの人は、自分に魅力を感じてくれているだろうか。これらは全て自分がどう思われているか、自分がどう評価されているかに注意が向けられています。全ての矢印は自分に向けられているわけです。

　エゴシステムでは、他者の存在はもちろん重要ですが、それは他者が自分のニーズを満たしてくれたり、

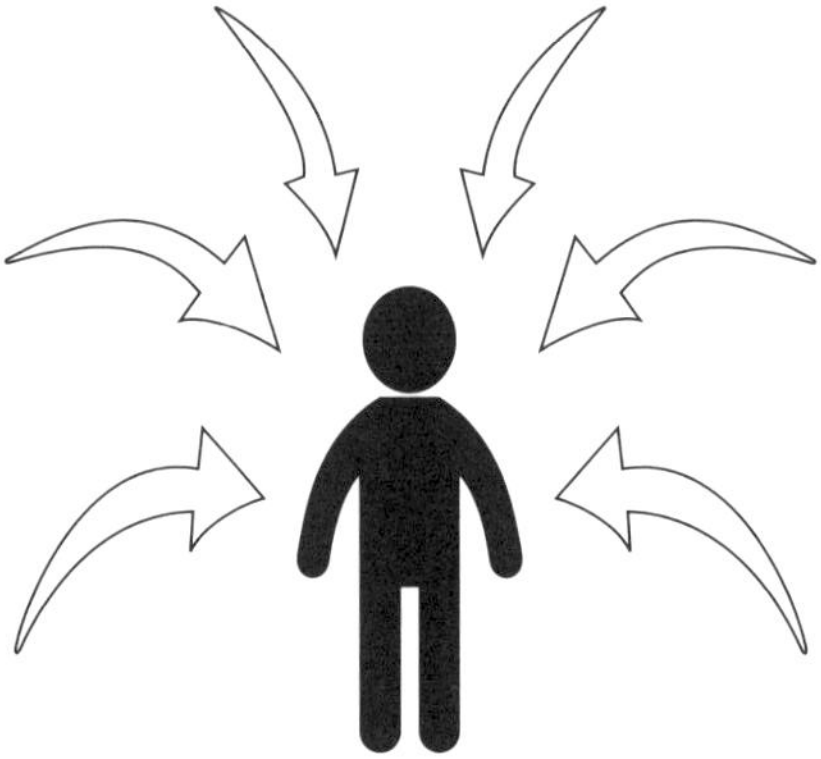

図 5-1　全ての矢印が自分に向かっているエゴシステムの状態

満たしてくれなかったりするからです。他者の存在を、自分に対して何をしてくれて、何をしてくれないか、という観点で捉えます。他者は自分が必要とする評価・承認・愛情・サポートなどを与えてくれる存在、またはそれらを阻害する障害物として存在します。自分を高く評価してくれる者は、自分の自尊心を高めるために必要な存在です。自分を批判する者は、自尊心を脅かす存在であり、自分のニーズの充足を阻害する存在です。そのような他者は自分のネットワークから排除するか、または自分を高く評価するように説得しなくてはなりません。

自分の必要とする評価や愛情を他者から受けるためには、他者に良い印象（良い自己イメージ）を与えることが重要になります。ただし、どのような自己イメージを他者に与えたいかは人によっても、状況によっても、相手によっても異なります。就職の面接では、頭脳明晰でリーダーの素質があり、かつ努力家であるイメージを与えたいと思うかも知れませんが、友人との飲み会では、おっちょこちょいで気さくな自分をアピールしたいと思うかも知れません。また、非行集団の中では、やさぐれた自分をアピールすることが、仲間からの高い評価を得るためのポイントになるかも知れません。いずれにしても、エゴシステムでは他者から高い評価を得るために、他者に与える印象を操作しようと努力しているのです。自分の思い通りに他者が自分を評価してくれれば成功、そうでなければ失敗となります。失敗したら、自尊心を維持するために、そのような他者を批判するか、またはその他者の評価を何とか変えさせなくてはなりません。

エゴシステムの特徴の一つに、**ゼロサム思考**があります。自分に対する評価には、多少なりとも他者との比較が含まれます。能力が高いと評価してもらうには、人よりも優秀であると思われないといけません。誰かに好かれていると感じるためには、他の人よりも自分の方が好きだと思ってもらわなくてはいけません。ゼロサム思考とは、自分が勝つか、他者が勝つか、といった考え方です。同僚が自分よりも良い業績を収めると、自分はそれに比べ見劣りがして、負けたと感じることがあります。また、仲の良い友人に恋人ができると、自分だけ取り残されたような気がしてしまうことがあります。他者の良い出来事を素直に喜べないのは、そのせいでなぜか自分の評価が下がってしまったと感じるためです。また、その逆もあります。誰かが自分のために何かしてくれた時、負い目を感じてしまったり、申し訳ないと感じて恐縮してしまったりすることがあります。それは、自分が得することで、他者に何か負担を強いている、他者が何かを失っている、と思うからです。自分がプラスになれば、他者はマイナスになってしまう、と考えるのはゼロサム思考だからです。このように、エゴシステムでは自己は他者と常に綱引きをしているような状態にあります。

◎他者のニーズも考慮に入れたエコシステム

一方、**エコシステム（ecosystem）**とは、自分を他者とのつながりの中に位置づけた動機づけシステムです。自然界の中で人・動物・植物・環境が複雑に影響しあっているのと同じように、自分は一人で生きているのではなく、人に支えられ、人を支えながら、互いに影響しあって生きているという考え方をします。エゴシステムが自分のニーズを満たすことを最優先にしているのとは対照的に、エコシステムでは、他者のニーズは自分のニーズと同じくらい重要であると考えます。他者のニーズを満たし、他者の幸福に貢献することが、ゆくゆくは自分の幸福、そしてシステム全体の幸福につながると考えます。たとえ一時的に自分のニーズが満たされても、他者が不幸せであれば、長期的に自分のニーズは充足できなくなり、自分も幸せにはなれないことがわかっているのです。そこで、他者のニーズを充足することにも積極的になります。

図5-2はエコシステムを表わしています。矢印は自分から外に向けられています。エコシステムでは、自分が他者のために何ができるか、社会にどのような貢献ができるか、が重要課題です。**図5-3**のように他者の幸せに貢献することで、巡り巡って自分にも恩恵がもたらされると考えています。ただし、自分に向けられた矢印も記されてはいますが、自分が恩恵を受けるために他者に貢献するわけではありません。

エコシステムでは、他者への恩恵と自分への恩恵はつながっていると考えることから、ゼロサム思考とは反対の**ノンゼロサム思考**をする傾向があります。他者の幸せは、自分の幸せをもたらすものであり、他者の不幸は自分の不幸となることから、自己と他者は同じ船に乗った仲間のような存在だと考えます。

4　良い印象を与えようとすると印象が悪くなる?

エゴシステムとエコシステムの根本的な違いは、自分のニーズのみを追求するか、他者のニーズも自分のニーズと同等に重要だと考えるかです。つまり、自分のためにのみ行動する場合はエゴシステムで、他者のためにも行動することはエコシステムであると言えます。他者に貢献するような行動であっても、その背後にあるモチベーションに目を向けて、それが本当に他者のためにとった行動なのか、考えてみる必要があります。人に親切にするのは、自尊心や他者からの自己評価を高めることが主目的なのでしょうか。それとも、他者の幸せを高めることが主目的なのでしょうか。

他者に親切にする時、行動上は同じでも、それがエゴシステムによるものか、エコシステムによるものか

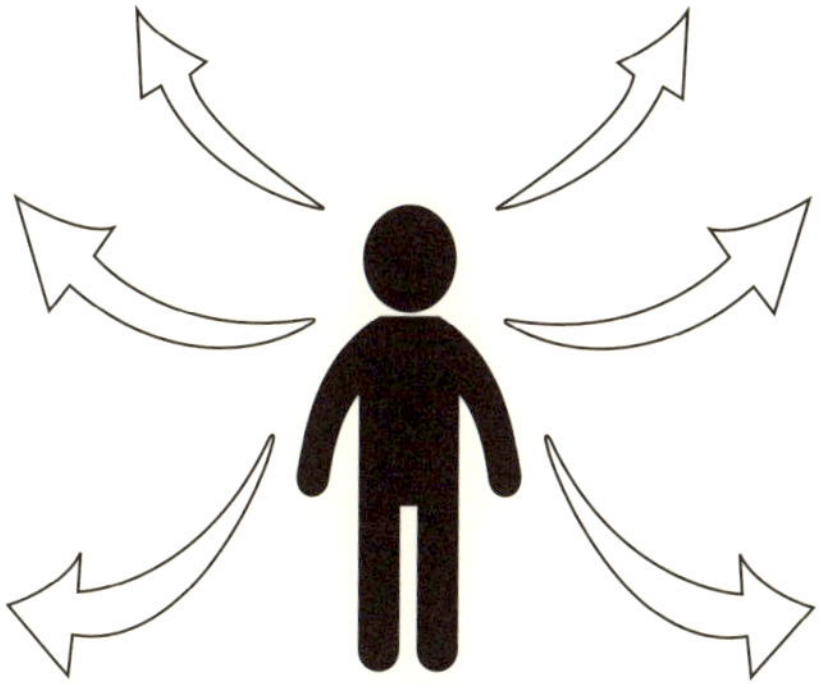

図 5-2　全ての矢印が自分から外に向かっているエコシステム

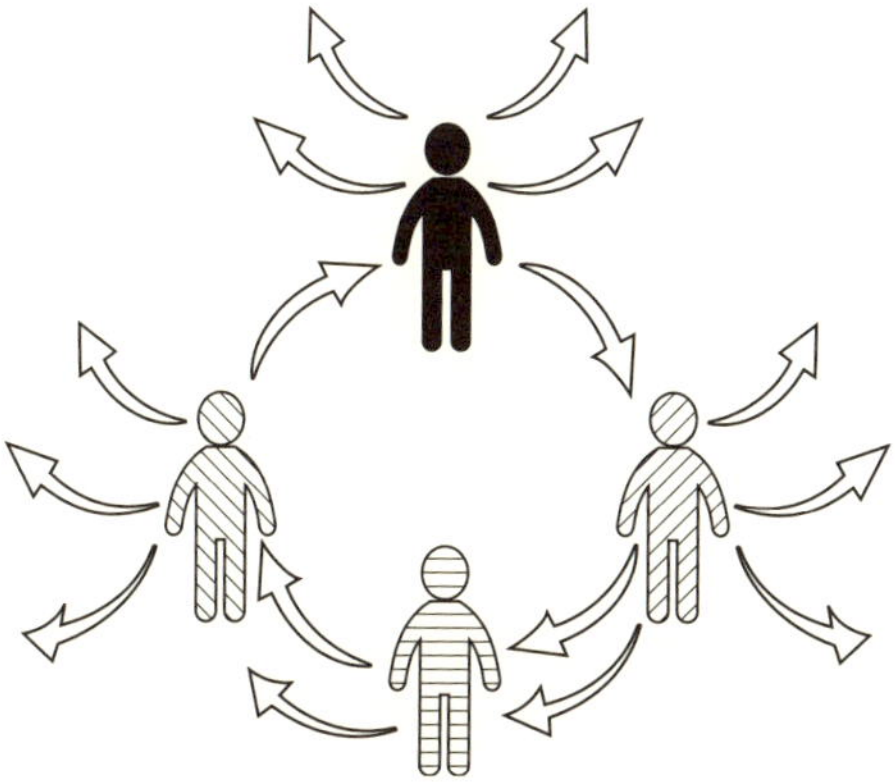

図 5-3　外に向かった矢印が自分に返ってくるエコシステム

で、他者に与える影響が異なると考えられています。「親切な人」「思いやりのある人」だと思われたくて他者に優しくする場合は、「他者のため」のように見えても、実際は「自分のため」です。一時的に他者に好かれて、自分のニーズを満たすことはできても、根本的に他者のニーズを満たすことにはつながらないので、最終的には他者の自分に対する評価が低下し、自分のニーズ（他者からの良い評価）も充足されなくなってしまいます。逆に「自分のため」よりも、「他者のため」を中心に考えて他者に親切にすると、他者のニーズが満たされるため、他者から良い評価を得ることが主目的でなかったとしても、最終的には他者に感謝され、自分が高く評価されるようになります。他者のニーズを満たしてやると、他者も自分のニーズを満たしてくれるようになります。

たとえば恋人に対して、自分は最高のパートナーだと思ってもらえるように、毎日せっせと豪華なお弁当を作って渡しているとします。「相手のため」と思って作っているわけですが、実際は、自分が良いパートナーだと思ってもらいたいため、つまり「自分のため」に作っているので、これはエゴシステムによる行動です。相手のニーズの充足よりも、自分のニーズの充足（相手に高く評価されること）が中心になっています。初めは相手から感謝され、自己評価が高まり、自分のニーズは満たされるかも知れませんし、相手のニーズは満たされているでしょうか。相手はたまには同僚と外食したいと思っているかも知れません。しかし、せっかくのお弁当でもゆっくり昼食を食べる時間が無くて困っているのかも知れません。また、毎日お弁当を作ってもらうことに対して申し訳ない気持ちが強く、心理的な負担になっているかも知れません。しかし、あなたが自分のニーズを充足するためにお弁当を作っていると、相手のニーズが見えなくなってしまいます。相手が仕方なく、作り笑いを浮かべてお弁当を受けとる様子を見て、「私がこんなに頑張っているのに、ちっとも感謝してくれない」と憤慨することになるでしょう。これではどんなに一所懸命に素晴らしいお弁当を作ったとしても、相手のニーズは満たされないままです。結局、相手は感謝するどころか、あなたのことを悪く評価することになるかも知れません。こうなると、他者のニーズも自己のニーズも充足できなくなってしまうのです。

一方、同じ親切でも、純粋に他者の幸せを願ってとった行動は、他者のニーズを満たすことにつながります。他者からの評価を高めることが目的ではありませんが、他者に貢献することで、結果的に他者から「親切な人」「思いやりのある人」だと高く評価されることになります。先ほどのお弁当の例では、エコシステムでは自分の素晴らしさを相手にわかってもらうことが目的ではないので、毎日豪華なお弁当を作ることはないでしょう。相手が外食したいときはお弁当を控えますし、昼食の時間が取れなさそうな時は、簡単なおにぎりか栄養ドリンクを用意するかも知れません。相手からの評価を気にする代わりに、相手が本当に必要としていることに気を配っているので、相手のニーズを敏感に受けとめることができ、その結果、相手はとても満足することでしょう。相手に感謝されること、相手に良きパートナーだと思われることが目的ではないにしろ、結果として、相手は心から感謝の気持ちをもつようになるだろうし、あなたのことを最良のパートナーだと思うようになるはずです。

このように、エゴシステムにおいて、自己評価の向上を優先させれば、結果的に自己に対する評価は低下し、エコシステムにおいて、自己評価を気にしなくなれば、結果的に自己に対する評価が高まるといった矛盾した関係が想定されます。

5　エコシステムだからこそできる

エコシステムでは、他者からの評価を高めることが目的ではありませんし、自尊心を守ることも目的ではないため、エゴシステムではとりにくい行動をとることができると考えられます。

◎心を鬼にする

まず、エコシステムでは他者のためになることであれば、あえて心を鬼にして他者からの評価が下がる可能性のある行動をとることも可能になります。自然界では、動物の親は子どもが過酷な環境でも生き延びられるように、わざと試練を与えると言います。あざらしは、まだ小さい赤ちゃんを凍てつく海に突き落として泳ぎ方を教えますし、野兎も子どもが天敵に見つからないよう、授乳のとき以外は赤ちゃんをわざと野原に置き去りにするそうです。その様子をテレビで見る私たち人間は、ついつい赤ちゃんがかわいそうだと感じてしまいがちですが、動物は子どもにとって一番大事なこと、つまり子の生存を最優先させる行動を進化の過程で身に付け、実践しているに過ぎません。

我が子に関しては、人間も自然にエコシステム的な考え方ができるようです。嫌がる子どもを予防接種に連れて行く場合、「ママ（パパ）なんか大嫌いだ！」と言われても、子どもの健康を第一に考えて注射を受けさせることでしょう。どんなに悪態をつかれても、子どものためだと思えば、心を鬼にすることができます。

家族の場合と同じように、仕事上の人間関係においても、たとえ人間関係が難しくなる可能性があっても、相手の耳に痛いことを主張することがあります。上司の立場にある人は、部下の過ちを指摘するとき、自分が嫌われる可能性があっても、その人の安全のため、その人の将来のため、そしてプロジェクト全体の成功のため、あえて厳しくダメ出しをすることがあるはずです。部下も上司からの心象を悪くするリスクがあっても、チーム全体、会社全体のことを考えて、上司の提案に対して異を唱えることがあるでしょう。職場ではできる限り良好な人間関係を保ち、波風を立てずに仲良くやっていきたいものです。ただ、部下に慕われることや、上司からの評価よりも、他者にとって、さらにはシステム全体（プロジェクトや会社全体）にとって何が良いかを視野に入れたエコシステムでは、たとえ一時的に人間関係がぎくしゃくしたとしても、自己評価が下がったとしても、相手のためになるなら他者を批判することができるようになります。

この時、相手のためを思って批判したにもかかわらず、感謝どころか、逆ギレされることがあるでしょう。他者が自分の意見を素直に受け入れないことに対して大きな憤りを感じるかも知れません。そして、二度と意見などするものかと思うかも知れません。しかし、それはおそらく自分が他者よりも優れていることを認めさせたいという動機が心の底にあり、エゴシステム的な動機づけによるものだからです。エコシステムでは、他者が自分の意見を受け入れなくても、感謝してくれなくても、それが行為の目的ではないので、残念だとは思うでしょうが、憤りを感じることはありません。どのようにしたら、相手の心に響くような説得ができるかを考えて、再度チャレンジすることでしょう。

◎失敗から学ぶ

また、エコシステムでは、失敗しても自分の非を認め、ダブル・ループ学習ができると考えられます。他者のためだと思ってとった行動でも、意図せず他者を傷つけてしまうこともあります。プロジェクトの成功のためにとった決断が、大失敗に終わることもあるでしょう。エゴシステムでは自己に対する評価を高めることを目指しているため、そのような失敗は、自分の目的を妨げる障壁でしかありません。失敗がもたらす自尊心への脅威から自己を守るため、私たちが様々な防衛手段をとるのは第2章で述べたとおりです。失敗から目を逸らしたり他者や状況のせいにすれば、自尊心は早く回復するでしょうが、失敗からの学習は大変難しいと考えられます。

これに対し、エコシステムでは失敗を障害物としてではなく、成功への足掛かりとして捉えます。そもそも自己評価を高めることを目的としていないので、失敗をしても自己に対する脅威をさほど感じることはありませんし、不適応な防衛手段を用いる必要もありません。自己を守ることよりも失敗を成功に変えることに関心を向けることができます。なぜ失敗したのか、なぜその失敗を未然に防げなかったのか、自分はどのような行動・判断をすべきだったのか、なぜそのような行動・判断がとれなかったのか。失敗の責任は自分にもあると認めることで、失敗を繰り返さないためには自分がどうすればよいのかがわかります。これが**ダブル・ループ学習**です。エコシステムでは自分が矢印の出発点なので、自分が失敗から学ばないことには、他者に貢献することはできないと考えます。

◎誘惑に勝つ

さらに、エコシステムでは、目的を達成する際に困難に出くわしても、努力を続けることができると考えられます。難しい仕事に取り組んでいる時、集中してそれに取り組むことが重要だとはわかっていても、途中でついつい関係のないメールをチェックしたり、誘惑に負けて飲み会に出てしまったりすることがあります。ダイエット宣言をしたにもかかわらず三日坊主で終わってしまった、という話もよく聞きます。途中で諦めたり、他の誘惑に負けたりするのは、**セルフ・コントロール（自己制御）**が足りないためです。

自分のために何かしようとする時、セルフ・コントロールを保ち、頑張り続けるのは困難です。自分のための目的を追求している場合、困難からの逃げ道がたくさんあり、誘惑の道を選んでもある程度は自分の目的を達成できてしまうからです。仕事中なのに気が付けばインターネットに夢中になっていたり、ダイエット中なのに差し入れのドーナッツを食べてしまったりするのはなぜでしょうか。それは、たとえば自分が有能であることを証明したいと思っている場合、目の前の仕事を中断しても、インターネット掲示板に知ったかぶりの書き込みをすれば、自分の能力を誇示できるからです。飲み会に行ってしまっても、後でなんとか徹夜で仕事を終わらせれば、かえって「すごいヤツだ」と周りに思わせることができるからです。スリムになって他者に好かれたいと思っている場合、今、友達が差し出してくれたドーナッツを断るよりも、笑顔で「ありがとう」と受け取って一緒に食べた方が、相手に好ましい印象を与えられるからです。これらの例にあるように、自分の目的を達成するための抜け道はいくつもあります。それでもなお、誘惑に打ち克って困難と向き合うには、よほどのセルフ・コントロールがない限り、難しいと言えます。

これに対し、誰かのために何かしようとしている時、困難から逃げればその時点で目的から遠ざかることになってしまうので、そう簡単には諦められなくなります。美容ダイエットのための食事制限がなかなかできない女性でも、妊娠して胎児の健康のために塩分や糖分を控える必要が出てくれば、好物のポテトチップスもチョコレートも制限できるようになります。上司が自分を信頼して重要なプレゼンを任せてくれた場合、その上司の信頼に報いたいと思えば、友人との飲み会を断ることもできるはずです。

6　幸せの基本的ニーズを満たす方法

自尊心を追求すると、自己のニーズを優先させているにもかかわらず、逆説的にも自律性・関係性・有能性のニーズが満たされないことは、すでに説明した通りです。幸せになるために自尊心を向上させようとしているにもかかわらず、頑張れば頑張るほど、人として必要な基本的なニーズが満たされないとは皮肉な話です。

では、エコシステムでは、これらのニーズは充足できるのでしょうか。

エコシステムでは、自律性・関係性・有能性の全てのニーズを満たすことができます。他者から良い評価を受けようとする場合、自分の自尊心は他者次第ということになり、自律性は低くなりますが、エコシステムでは他者からの評価を得ることが目的ではないので、他者の反応に規定されることなく、自由に行動を選択できます。エゴシステムでは、他者の言動に反応（react）し、より良い評価を得るために自分の行動が限定されていきます。一方、エコシステムでは自分から他者へ働きかける（act する）ことから始まります。他者の幸せへ貢献するかしないかは自分次第なので、**自律性**は高いと言えます。他者の幸せに貢献しないといけないわけではなく、その方が自分も幸せだとわかっているから他者の幸せに貢献したいと思うようになります。

さらにエコシステムでは、他者の幸福のために貢献しようとするのですから、他者との関係も必然的に良くなります。次の章で詳しく述べますが、他者は「誰かが自分のためにやろうとしてくれたこと」と「誰かが自己満足のためにやろうとしたこと」の違いを敏感に区別しています。自分のニーズを敏感に感じ取り、それを満たしてくれる人に対して、人は自ずとその人のニーズを満たしてあげたいと思うようになります。他者のために貢献すると、他者のニーズだけでなく、自分の**関係性**のニーズも満たされることになります。

有能性に関しても、エゴシステムよりもエコシステムの方がニーズを満たすのに効果的であると言えます。他者に自分の能力を認めさせようとする人は、**固定的な能力観**をもっています。自分は能力があるのか、ないのか。成功し、自分に能力があると思えたら、有能性のニーズも満たされます。しかし、私たちは常に高い成果を出し続けられるわけではありません。特に他者からの評価が自分の能力の判断に絡んでいるときは厄介です。出会う人全てに有能だと思われることは不可能です。そこで度々、自分は能力がないと感じることになり、その度に有能性のニーズが満たされなくなります。特に固定的な能力観をもっていると、自尊心に脅威を感じて様々な不適応的な防衛行動をとることになります。そのせいで能力を伸ばす機会も少なくなり、有能性のニーズを満たせなくなります。

これに対し、エコシステムでは自分の行動が他者の幸せに直接貢献していると思っているので、**有能性**のニーズが満たされます。また、他者のために貢献するには、自分の能力を伸ばすことも必要となってきます。自分が有能であればあるほど、他者により良い貢献ができるからです。

自分の子どもが自閉症だとわかった時、親はどのようなサポートをすればよいのか真剣に考え、様々な本を読んだり、ワークショップに参加したりするようになるでしょう。恋人がオリンピックの選手を目指しているのであれば、栄養学や整体に関する勉強がしたいと思うようになるでしょう。自分に能力が足りなければ、何とかそれを伸ばしたいと思うようになります。良い成果が出せるか出せないか、能力があるかないかは、自分にとってはそれほど重要な意味を持ちません。また、思ったような成果が出なくても、防衛的に自尊心を守る必要はありません。なぜ成果が出せなかったのか、どのような能力が足りないのか、どのようにしたら必要な能力が伸ばせるのか冷静に分析し、対応することができます。**能力は伸ばせるという信念（増大的能力観）**があるので、有能性のニーズも満たされ、実際の能力も伸ばすことにもつながります。

このようにエコシステムでは他者のニーズを満たしつつも、自己の基本的な心理的ニーズを満たすことができますが、エゴシステムでは、自己のニーズを優先するにもかかわらず、結果的には自己が必要としている基本的なニーズは何一つ満たせません。他者の幸せに貢献することが、自己の幸せにつながるというのはこのような理由からです。

Try it! ⑤

1　あなたにとって、ある程度親しい他者（仕事関係の人・恋人・パートナー・家族・友人など）を一人思い浮かべてください。普段から、その人にして欲しいと思っているのに、その人がしてくれないことはありますか。そのせいで、あなたはどのような苦難を強いられていますか。思いつくままに書いてみましょう。

例：会社の同僚は、資料を持ち出したまま、いつも元の場所に戻してくれない。
そのせいで私はいつも必要な書類が見つからなくて困る。

・（　　　　　　　　　　　　）してくれない。
そのせいで私は（　　　　　　　　　　　　）。

・（　　　　　　　　　　　　）してくれない。
そのせいで私は（　　　　　　　　　　　　）。

・（　　　　　　　　　　　　）してくれない。
そのせいで私は（　　　　　　　　　　　　）。

・（　　　　　　　　　　　　）してくれない。
そのせいで私は（　　　　　　　　　　　　）。

・（　　　　　　　　　　　　）してくれない。
そのせいで私は（　　　　　　　　　　　　）。

文章を書いてみて、どのような気分になりましたか。

（　　　　　　　　　　　　　　　　　　　　）

自分のニーズを他者が満たしてくれないことに注意が向くことで、エゴシステム的な考え方が誘発されたはずです。「自分のニーズ」が重要であり、他者がそれを満たしてくれないと、自分は被害者になります。自分が不幸せなのは、他者のせいということになります。

「どうしていつも、私のニーズを満たしてくれないのか？」と愚痴を言おうものなら、「お前だって、ちっとも俺のニーズを満たしてくれないじゃないか」といった堂々巡りの口論が始まってしまいます。

2 では今度は、1 で思い浮かべた人が、あなたにしてくれていることを書いてみてください。そのおかげで、あなたはどのような恩恵を受けていますか。

例：同僚はいつも一足先に出社して、エアコンのスイッチを入れておいてくれる。
　そのおかげで私は、会社に到着した時に快適だ。

・（　　　　　　　　　　）してくれる。
そのおかげで私は（　　　　　　　　　　）。

・（　　　　　　　　　　）してくれる。
そのおかげで私は（　　　　　　　　　　）。

・（　　　　　　　　　　）してくれる。
そのおかげで私は（　　　　　　　　　　）。

さて、どのような気持ちになったでしょうか。

（　　　　　　　　　　　　　　　　　　　　　　　　　　　　　　）

1の時よりポジティブな温かい気持ちになったはずです。それは他者が自分のニーズを満たしてくれていることに、注意が向くようになるからです。しかし、これもまだエゴシステムな考え方に基づいています。やはり自分のニーズが中心にあり、それを満たしてもらえるかどうかは他者次第だからです。

　しかし、自分のニーズが満たされると、相手のニーズを満たしてあげたいと思うようになったはずです。次の3も続けてやってみてください。

3　1と2で思い浮かべた相手に対して、してあげたいと思うことを書いてください。抽象的なことでも構いませんし、具体的なことでも構いません。

・（　　　　　　　　　　　　　　　　　　　）してあげたい。
・（　　　　　　　　　　　　　　　　　　　）してあげたい。
・（　　　　　　　　　　　　　　　　　　　）してあげたい。
・（　　　　　　　　　　　　　　　　　　　）してあげたい。
・（　　　　　　　　　　　　　　　　　　　）してあげたい。

　自分のニーズが満たされると、相手のニーズも満たしてあげたくなります。相手のために何かしてあげたいと思うのは、エコシステム的な考え方です。自分のニーズを満たすことだけでなく、相手のニーズを満たすことも重要だと感じているはずです。

　今回は2の後に3をやってもらいました。しかし、これでは相手が自分のニーズを満たしてくれない限り、相手のニーズも満たしてあげたいとは思わない、というエゴシステム的な考え方から抜けられません。

　そこで、次回はぜひ3からスタートしてみてください。あまり親しい相手でなくても、その人があなたのために、まだ何もしてくれていなくても、まずあなたから相手のニーズを満たしてあげてください。すると、その人は2の状態になるので、今度はあなたのニーズを満たしたいと思うようになるはずです。

自分のニーズを満たすためには、「どうしていつも、私のニーズを満たしてくれないのか?」と文句を言っても始まりません。相手のニーズを真っ先に満たしてあげることで、結局は自分のニーズも満たせるようになる、これがエコシステム的な発想です。

4 図5-1と図5-2をもう一度見てください。会議や授業などでプレゼンテーションする時、家族の誰かに文句を言われた時、大事な試合やコンクールの前など、自分が評価の対象になっている時、矢印はどちらに向いていますか。誰のニーズが重要ですか。矢印を外側に向けるにはどうしたらいいでしょうか。

（　　　　　　　　　　　　　　　　　　　　　　　　　　　　　　）

第6章 思いやり目標と自己イメージ目標

この章では、他者のニーズを満たそうとすることが、どのように自分のニーズを満たすことにつながるのかを調べた研究を紹介します。エコシステムで他者の幸せに貢献しようとすると、対人関係が良くなり、他者が幸せになるだけでなく、自分も他者からより多くのサポートを受けることになり、より幸せになることが明らかになっています。一方、エゴシステムで他者に良い印象を与えようとすると、対人関係が悪化し、自己に対する評価も下がることが明らかになっています。

1 「いい人だと思われたい？」それとも「人のためになることをしたい？」

エゴシステムの中では、人は対人関係において、他者に良いイメージ（印象）を与え、その印象を維持・促進しようとする傾向があります。**クロッカーら**(12)はこれを**自己イメージ目標**と呼んでいます。私たちは普段から、ある特定のイメージを他者に与えたいと思っています。「いい人だと思われたい」「有能な人だと思われたい」「面白い人だと思われたい」など、他者にどのような印象を与えたいかは人によって多種多様です。が、「○○と思われたい」「△△と見られたい」という部分は共通してもっています。自己イメージ目標には、単に他者にそのような印象を与えたいというだけでなく、自分自身がそのような人間であると思いたい、という動機も含まれています。

◎忙しい人は有能？

自己イメージは必ずしも好ましいイメージであるとは限りません。たとえば、筆者には「忙しい自分」という自己イメージがあります。常に時間に追われ、バタバタと動き回る姿は美しいとは言えず、自分でも、もっと余裕がほしいと思うので、「忙しい自分」は理想の姿とは言えません。しかし、筆者は周りの人に忙しい人だと思われたいですし、家族にも「忙しいのに頑張ってるなぁ」と思われたいのです。なぜあえてネガティブなイメージを他者に与えようとしているかと言うと、筆者の中で「忙しい人」というイメージは、「勤勉であること」「充実した毎日を送っていること」「他者にとって必要な人であること」などの多くのポジティブなイメージと関連しているからです。誰かから「忙しいんだね」と言われることは、筆者にとっては「あなたはよく頑張っているね」と言われているのと同じ意味があるのです。逆に「暇そうだね」と言われると、「頑張りが足りない」「怠けている」と批判されているような気になってしまうのです。

「忙しい人」という自己イメージは、一見好ましくないイメージであっても、筆者にとって様々な利益をもたらします。頑張っていることを他者に認められると、もちろん自尊心が高まり、いい気分になります。さらに、何か仕事でミスをしても、約束を忘れてしまっても、「忙しいんだから仕方がない」「それでも精一杯やっている」という都合のいい言い訳になります。失敗を自分の能力不足や注意不足のせいではなく、忙しさのせいにすることができるので、**セルフ・ハンディキャッピング**にはもってこいです。あまり好ましくない自己イメージであっても、一皮めくれば、本人にとっては好都合な自己イメージであることがわかります。

人は、自分の望んだ自己イメージを他者に与えるために、他者の印象を操作しようとします。ある人は、人前であえてびっしり書き込みのしてある手帳を開いてみたり、「ああ、忙しい、忙しい」と口に出して言ったりします。筆者は就寝時間が非常に早いのですが、「寝るの早いですね」と言われたときは、「そうですね」とは言わずに、必ず「でも朝は5時に起きて仕事をするんです」と説明を加えます。暇な人だと思われないための策略です。また、人は自分の望んだ自己イメージを他者に与えるために、無理をしてしまうこともあります。いい人だと思われるために、疲れているのに無理に友達の引っ越しを手伝って、腰を痛めてしまったりするわけです。

◎人のためになろうとすること

一方、エコシステムでは、人は**思いやり目標**をもつ傾向があります。思いやり目標とは、他者の幸福を高めようとすることです。人のために役に立ちたいと思い、行動することは、最終的には自分のためにもなるというのがエコシステムの考え方です。そのため、思いやり目標も結局は他者のためではなく、自分のためなのではないか、つまり、他者のためという純粋な目標ではないのではないか、という批判をよく耳にします。また、人間は自己中心的な存在であり、自己の生存を優先させる動物なので、純粋に他者のために何かをするということは、ありえないのではないか、という批判も耳にします。しかし、思いやり目標は、他者のためだけに何かをしようとすることではありません。最終的に、自己が利益を得ていても構わないのです。それでも、その場、その時に、他者のためになることをしようとする、または他者の不利益になることをしないようにすることがあれば、それは**思いやり目標**と言えます。

対人関係における思いやり目標と自己イメージ目標を測定するには、「この一週間で、友人関係において、あなたは以下のようなことをどの程度しよう、またはしたいと思いましたか」という質問の後、思いやり目標7項目と自己イメージ目標6項目について、「1＝全く思わない」から「5＝いつもそう思う」の5件法で回答を求めます。自己イメージ目標の項目は「自分の良いところに相手に気がついてもらえるようにする」

など、何かをしようとする項目（接近項目）と、「自分の弱さを見せない」など、何かを避けようとする項目（回避項目）からなります。思いやり目標の項目も、「相手の支えになる」などの接近項目と、「相手が傷つくようなことを避ける」などの回避項目からなります。

日本では筆者がこの尺度を翻訳し、日本人も思いやり目標と自己イメージ目標をもつこと、そしてこれらの概念がアメリカ人と同じように理解されていることを確認しています[44]。ただし、日本人にあてはまりにくい項目もいくつかあったので、日本語の尺度の改良版を作成し、その尺度に信頼性と妥当性があることを確認しました。章末にこの改良版尺度を載せてありますので、ぜひ試してみてください。特に改良版尺度では、日本人にとって好ましいとされる自己イメージ（協調性のあるイメージや頼りがいのあるイメージ）をアピールすることを自己イメージ目標尺度の新たな項目として追加しています。

2　何を目標とするかで対人関係に差がつく

思いやり目標をもつと、他者のニーズだけでなく、本当に自分のニーズも満たせるようになるのでしょうか。思いやり目標が対人関係を良くし、自己イメージ目標が対人関係を悪化させることを裏付ける研究をいくつかご紹介いたします。

まず、**日本人成人428名**を対象に行った**ウェブ調査**[42]では、思いやり目標と自己イメージ目標は対人関係に影響すると思われる変数と興味深い相関がありました。ゼロサム思考は、自分が得をすれば相手は損を被り、相手が得をすれば自分は損を被るといった考え方です。これは、双方が同時に幸せになれる道があるとするエコシステムとは真逆の考え方です。実際、思いやり目標が強い人ほど、ゼロサム思考をしないことがデータでも示されました。思いやり目標をもつ人ほど、世の中はお互いが得することができる関係が築けると考えていることを示します。このようなノンゼロサム的な考え方をする人は、他者との競争や比較をしなくなり、対人関係をよりスムーズに営むことができると考えられます。

また、別の**日本人成人364名**を対象に行った調査[42]では、思いやり目標の強い人ほど、他者と親しくなることができ、見捨てられるかも知れないという不安をもたない傾向があるのに対し、自己イメージ目標をもつ人ほど、他者と親しくなることを拒む傾向があり、また見捨てられ不安も高いことがわかりました。親密性の回避と見捨てられ不安はどちらも低い人の方がより安定した対人関係をもつと言われていますので、思いやり目標は良い対人関係を促し、自己イメージ目標は対人関係に悪い影響があることがうかがえます。

◎思いやりは返ってくる

クロッカーとカネベロ[11]は、**アメリカの大学生199人**を対象に**10週間**にわたり毎週、自己イメージ目標と思いやり目標尺度に回答を求めました。このように縦断的に調査を行うと、ある時点での思いやり目標または自己イメージ目標が、その後の対人関係にどのように影響するのかがわかります。調査の結果、思いやり目標の高い人ほど、他者とのつながりを感じるようになり、その結果、社会的サポートが増えることがわかりました。他者とのつながりを感じるから、思いやり目標が高まるのではなく、思いやり目標をもつから、他者とのつながりを感じるようになるという点に注意してください。人に優しくされるのを待つのではなく、自分から他者に優しくすることで、最終的には自分の得られる社会的サポートが増えています。これは「全ての矢印は自分からスタートする」というエコシステムの考え方を裏付ける結果だと言えます。

さらに、クロッカーとカネベロは、大学1年生の寮のルームメイトのデータも集めています。アメリカでは大学1年生の多くは寮に入り、ルームメイトとともに暮らします。多くの学生にとっては、親元を離れて暮らすのも初めてですし、見知らぬ他者と寝食を共にするのも初めてです。ルームメイトとのトラブルは日常茶飯事で、ルームメイトと良い関係を築けるかどうかは大学生活の質を左右する重要なポイントです。「ルームメイトがお皿を全く洗わないから、台所が汚くて使えない」とか、「夜中に音楽を聴くので勉強に集中できない」といった類の文句は、筆者も学生から度々耳にしたことがあります。

どのような人がルームメイトとうまくやっているのでしょうか。**ルームメイトのペアに調査**への参加を呼びかけ、**3週間**にわたり毎日、相手から受けたサポート、相手に与えたサポート、そして関係上のトラブルの有無についてウェブ上の質問紙で報告してもらいました。その結果、いくつかの興味深いことがわかりました。

思いやり目標が高く、自己イメージ目標が低い人たちがいます。ここでは仮にAさんと呼びますが、実際は一人ではありません。Aさんは、3週間にわたり相手（Bさん）に与えるサポート量が増えたと感じました。しかも、これはAさん本人の思い込みではなく、Bさん自身も、Aさんからのサポート量が増えたと報告しました。その結果、Bさんが Aさんに与えるサポートの量が増え、最終的にAさんはBさんから受けるサポート量が増えたと感じるようになっていました。

本人の受けるサポート量が増えるのは、本人が思いやり目標をもって相手をサポートし、相手がそれを返報してくれているためであることがわかります。他者をサポートすれば、それは巡り巡って、自分が受けるサポートを増やすことになります。「まずは自分から」というエコシステムの考え方がここにも顕著に表われています。

クロッカーら[13]は、さらに**ルームメイト間でのサポートが精神的健康に与える影響**を調べています。ある人の思いやり目標が高い週があると、その次の週に向けて相手に与えるサポートが増加し、それにより相手から受けるサポート量が増えていました。一方、自己イメージ目標が高い週があると、その翌週に向けて相手に与えるサポート量が減少し、それにより、相手から受けるサポート量も減少していました。さらに興味深いことに、サポートを受けることも与えることも、どちらも精神的健康に良い影響が見られました。ルームメイトの一方が思いやり目標をもつと、お互いがサポートし合うようになり、双方の精神的健康が高まることがわかります。

◎自尊心のパラドックス

自己イメージ目標をもつ人は、他者に良い印象を与えることで、他者から良い評価を得ようとし、また自分自身の自尊心も高めようとします。自己イメージ目標をもつと、他者からの評価と自尊心は本当に高まらないのでしょうか。思いやり目標をもつと自尊心を高めようとしなくても、自尊心が高まるのでしょうか。先のルームメイトの調査では、自尊心についても興味深い結果(12)が報告されています。

調査の結果、自己イメージ目標が高い人（Aさん）ほど、相手（Bさん）のニーズに応じなくなり、BさんもAさんがニーズに応じてくれないと認識するようになり、最終的にはBさんのAさんに対する評価が下がることがわかりました。一方、思いやり目標が高い人では、これと反対の連鎖が見られました。思いやり目標の高い人（Cさん）ほど、相手（Dさん）のニーズに敏感に応じるようになり、その結果、相手（Dさん）もCさんがニーズに敏感に応じてくれていると感じ、最終的にはDさんのCさんに対する評価が高まっていました。

さらに面白いのは、相手のニーズに敏感に応じていると答えた人ほど、自尊心が高まった点です。相手が自分のニーズに応じてくれているかどうかは、自分の自尊心には影響がありませんでした。思いやり目標の高い人は、相手のニーズに敏感に応じることで自分の自尊心を高めただけでなく、相手も自分のニーズに応じるように導くことで、相手の自尊心を高めることにも成功したのです。

自己イメージ目標をもつ人は、自分の良さを周りの人にアピールし、他者から良い評価を得ようとし、自尊心を高めようとしますが、この研究の結果は自己イメージ目標をもつ人ほど他者からの評価も、自尊心も下がってしまうことを示しています。自尊心を追求すればするほど、それから遠ざかってしまっているのがはっきりわかります。一方、思いやり目標をもつ人は、他者からの評価や自尊心を第一に考えていないにもかかわらず、最終的に他者からの評価も自尊心も高まっていました。他者に対して思いやりをもち、他者のニーズに敏感に対応することにより、他者から感謝され、また、自分自身も他者の役に立つ重要な存在だと感じられるようになったと考えられます。

3 思いやり目標をもつと自分も成長したくなる

思いやり目標をもつと、対人関係だけでなく、自分の成長にも良い影響があることもわかっています。**日本人成人428名**を対象に行った**ウェブ調査**(42)では、思いやり目標の強い人は、困難に直面しても、そこから学び、成長しようとする志向が強く、逆に自己の能力を証明しようとする志向が弱いことがわかりました。一方、自己イメージ目標の強い人は、自己の能力を証明しようとする志向が強く、困難から学び、成長しようとする志向とは関連が見られませんでした。自己イメージ目標をもつ人は、自己の能力を証明しようとする傾向があり、そのせいで失敗に対して防衛的になりやすいことが考えられます。これに対し、思いやり目標をもつ人は学び・成長したいという気持ちが強く、自己の能力を証明する必要を感じていないことから、失敗や困難に直面しても、防衛的にならずに、そこから学び・成長していける可能性をこの結果は示しています。

また、大学生を対象にした別の研究では、思いやり目標の高い人ほど、学期の初めから終わりにかけて、対人関係で成長したいという動機が高まり、さらに学業において成長したいという動機も高まることがわかっています。学業面で成長したいという動機は、勉学に集中して取り組む傾向、授業への関心、積極的に質問する傾向と関係していました。

自己イメージ目標をもつと、自分には能力がないのではないか、人からバカにされるのではないか、といった不安が生じ、様々な防衛行動をとることで、学び・成長することが二の次になります。しかし、他者に対して思いやり目標をもつと、相手をより良くサポートするためにも、自分もしっかり能力を伸ばし、苦手を克服しなくては、と思うようになるようです。

以上の結果が特に興味深いのは、「他者のため」という思いやり目標が、自分の成長を促しているという点です。習得目標や増大的知能観を喚起しなくても、学ぶことの重要性を説かなくても、他者のためになりたいと思うことが個人の学習と成長を促しています。学び・成長するには、現在の自分の足りない部分、未熟な部分に目を向け、努力をする必要があります。自分が有能であるという自己イメージをアピールしようとしている以上、自分が不完全であることを認めることは自己に対して脅威となるため、学び・成長することは難しく、皮肉にも自分の能力を伸ばす妨げになっています。これに対し、他者のために何かしようとすることが、最終的には自分が能力を伸ばし、他者にも認められることにつながるとは、とても面白いと思います。

4 情けは人の為ならず

昔から「情けは人の為ならず」と言いますが、最近はこれを「情けをかけるのは、人のためにならないから、やめておいた方がいい」という意味で解釈する人が増えているそうです。しかし、これは誤りで、本来は**「情けは人のためではなく、自分のためになる」**という意味をもっています。エコシステムで思いやり目標をもつと、人のニーズだけでなく、自分のニーズも満たされるということを、昔の人の方がよく理解していたのでしょう。エコシステムの研究は、「人のためになろうとすること」に着目した研究ですが、ここでは人のためになることを実際にすると、自分の幸福感が高まることを示した研究を紹介します。

◎**人のためにお金を使うと幸福感が高まる？**

想像してください。あなたは実験に参加しています。実験者はあなたにお金を手渡し、その日の夕方までにそれを使い切るよう指示します。次のグループの中で、幸福感が最も高まるのはどのグループだと思いますか。

（1）実験者に5百円をもらい、それを自分のために使うよう指示されたグループ。
（2）実験者に2千円をもらい、それを自分のために使うよう指示されたグループ。
（3）実験者に5百円をもらい、それを人のために使うよう指示されたグループ。
（4）実験者に2千円をもらい、それを人のために使うよう指示されたグループ。

アメリカ人の大学生109人に同じ質問をしたところ、ほとんどの学生は5百円よりも2千円もらったグループの方が幸福感が高いだろう、そして、他者よりも自分にお金を使ったグループの方が幸福感が高いだろう、と回答しています[22]。しかし、実際の結果は予想に反するものでした。自分のためにお金を使ったグループよりも、人のためにお金を使ったグループの方が幸福感が高まっていたのです。しかも、使った金額は5百円でも2千円でも幸福感に差はありませんでした。たとえ少額でも、人のためにお金を使うと、自分のためにお金を使うよりも幸せになるというのです。

でもこれは、自分で稼いだお金ではなくて、人からもらったお金を使った場合です。自分で汗水を流して稼いだお金であれば、異なった結果になるのでは？と思う方もいると思います。そこで、会社員にボーナスをもらう前後で幸福感がどう変化したかを調べた研究もご紹介します。

ダンらの研究[22]では、**会社員にボーナスをもらった数週間後**に、ボーナスを何に使ったかを尋ね、その回答を自分のための支出（たとえば家賃などの経費、ローンの返済、自分のための購買など）か、人のための支出（たとえば人に贈り物をした、寄付をしたなど）かに分類しました。案の定、人のための支出よりも、自分のための支出の方が圧倒的に多かったそうです。しかし、ボーナスをもらってから6～8週間後に幸福感を測定すると、人のための支出が多かった人ほど、幸福感が高まっていたそうです。自分のためにいくら支出したかは、幸福感とは関係がありませんでした。また、ボーナスの総額も幸福感とは関係がありませんでした。自分で稼いだお金であっても、そしてたとえ少額であっても、人のためにお金を使うと幸福感が高まることがわかります。

しかも、この結果は裕福な先進国だけの話ではありません。世界の136ヶ国で人が寄付に費やす金額と幸福感の関係を調べた調査[2]によると、どの国でも、寄付の金額が多い人ほど、幸福感が高いという結果が報告されています。また、2歳未満の幼児ですら、ぬいぐるみに自分のお菓子を分け与えた時の方が、ぬいぐるみに実験者のお菓子を与える時よりも笑顔が見られたという報告[1]もあります。幸福感が高まるのは、人のために自分の資源を分け与えることが、立派で賞賛されることだからというよりも、もっと原始的な**人としての本能**のようなものに従ったからなのかも知れません。

もちろん、お金を支出しなくても、人のためになることをすれば幸福感を高めることはできます。毎週、「誰かのためになることを三つする」または「世の中のためになることを三つする」ように指示された人たちは、「自分のためになることを三つする」または単に「その日の出来事を記録する」よう指示された人たちよりも4週間で幸福感が高まっていました[41]。また、実験が終わって一ヶ月経った後も、幸福感は高いままだったそうです。アメリカ人と韓国人を対象にした実験[32]でも、6週間にわたり毎週、親切なことを三つするように指示された人たちは、単にその日の出来事を記述するよう指示された人たちよりも人生満足度が高まっていました。

◎幸せは追い求めれば、逃げていく

人の幸せに貢献することが、自分が幸せになるための最も効果的な方法かも知れません。と言うのも、自分の幸せは、追求すればするほど遠ざかる、という事実があるからです。たとえば、幸せを追い求める人ほど、うつになりやすく、孤独を感じやすく、幸福感が低いことがわかっています。実験[38]で、「幸せは健康や成功をもたらすなど、人生に良い効果がある」と聞かされた学生は、孤独感が高まり、孤独感を抑えるプロゲステロンというホルモンが少なくなっていました。自分一人の幸せを追求すると、幸せにはなれないことがわかります。

しかし、「幸せとは、人とつながりをもつことだ」と思っている人に関しては、幸せを追い求める傾向が強い人ほど、人生満足度が高くなっていました。自分一人で幸せになろうと思っても幸せになれず、逆に、他者と共に幸せになろうとすると、自分も他者も幸せになれる。人の幸せ、ニーズを満たしてあげたいと思うことが幸せへの近道であるようです。

Try it! ⑥

1 あなたにとって、重要な自己イメージは何ですか。他者からどのような人に見られたいですか。思いつくままをリストアップしてください。自己イメージは必ずしも好ましい人物像とは限りません。たとえば、周囲の関心や笑いを引きたくて、「おっちょこちょいな自分」をあえて演出したりすることもあるでしょう。書き終わったら、その中でも特に重要だと思うもの三つに＊印をつけてください。

（　　　　　　）（　　　　　　）

（　　　　　　）（　　　　　　）

（　　　　　　）（　　　　　　）

（　　　　　　）（　　　　　　）

（　　　　　　）（　　　　　　）

（　　　　　　）（　　　　　　）

2 右で＊印をつけた最も重要な自己イメージについてうかがいます。その自己イメージのとおりに見られるために、どのようなことをしていますか。その自己イメージを他者に（自分自身に）どのようにアピールしていますか。

（　　　　　　　　　　　　　　　　　　）

3 ＊印のついている自己イメージはなぜ、あなたにとって、重要なのですか。自己イメージ通りの評価を他者からもらった時、それはあなたにとって、何を意味しますか。自己イメージとは異なる印象を他者に与えてしまったら、それはあなたにとって何を意味しますか。

（　　　　　　　　　　　　　　　　）

4 思いやり目標をもった経験はありますか。どのような時に、思いやり目標をもちましたか。その時、どのような気持ちでしたか。

（　　　　　　　　　　　　　　　　）

5 普段の対人関係の中で、あなたは以下のことをどのくらい心がけていますか。次頁の表6-1の各項目について1～5のあてはまる数字を選んで回答してください。

思いやり目標の得点は1、3、4、5、9、10、12、13、16、20、21の11項目の平均値をとります。

自己イメージ目標は2、6、7、8、11、14、15、17、18、19、22の11項目の平均値をとります。

442人の成人を対象にした調査（新谷、2016）[42]では、自己イメージ目標の平均値は男性が3.27、女性が3.39、思いやり目標の平均値は男性が3.66、女性が3.84でした。

表6-1 〔改良版〕思いやり目標と自己イメージ目標尺度

		全く心がけていない	やや心がけていない	どちらともいえない	やや心がけている	とてもよく心がけている
1	人（相手）の役に立つ。	1	2	3	4	5
2	一目置かれる存在になる。	1	2	3	4	5
3	先入観にとらわれない。	1	2	3	4	5
4	助言をするときは、その人のためになるようよく考える。	1	2	3	4	5
5	人の立場に立って考える。	1	2	3	4	5
6	怠け者だと思われないようにする。	1	2	3	4	5
7	自分の良いところを人（相手）に気がついてもらえるようにする。	1	2	3	4	5
8	気が利く人だと思われるようにする。	1	2	3	4	5
9	人（相手）が傷つくようなことを避ける。	1	2	3	4	5
10	人（相手）が困るようなことをしないようにする。	1	2	3	4	5
11	自分を好きになってもらう。	1	2	3	4	5
12	人（相手）と真摯に向き合う。	1	2	3	4	5
13	自分の考えを押し付けない。	1	2	3	4	5
14	頼りがいのある人だと思われるようにする。	1	2	3	4	5
15	恥をかくことを避ける。	1	2	3	4	5
16	人（相手）の成長の機会を奪わないようにする。	1	2	3	4	5
17	人（相手）に嫌われないようにする。	1	2	3	4	5
18	自分が正しいことを人（相手）に認めてもらう。	1	2	3	4	5
19	親切な人だと思われるようにする。	1	2	3	4	5
20	早合点しないようにする。	1	2	3	4	5
21	人（相手）の気持ちをよく考える。	1	2	3	4	5
22	気配りのできる人だと思われるようにする。	1	2	3	4	5

［新谷（2016）］

第7章 正しい思いやりとは？

思いやり目標をもつと、自尊心に対する執着が弱くなり、対人関係にも自己の成長にも良い影響があるのに対し、自己イメージ目標をもつと、自尊心に執着したままとなり、対人関係にも自己の成長にも悪い影響があることを示してきました。ここまで読んでいただけると、「自己イメージ目標をもつのはやめて、思いやり目標をもとう」と思われる方も多いと思います。より多くの人が思いやり目標をもって社会生活を営めば、より幸せな人が増えてハッピーで何よりだと思いますが、思いやり目標は簡単そうでいて、もち続けるのは実はなかなか難しい目標でもあります。思いやり目標を追求しているつもりだったのが、いつの間にか自己イメージ目標にすり替わっていた、ということもあります。この章では、思いやり目標にまつわる誤解について、説明したいと思います。

1　行動ではなく、心がけ

人のためになる行動――心理学では**向社会的行動**と言います――を見て、それが思いやり目標によるものか、自己イメージ目標によるものなのかは判断ができません。仕事が山積みになっている同僚のため、仕事を手伝ってあげるとします。有能な自分、同僚思いの自分をアピールするために手伝ったとすれば、自己イメージ目標による行動だと言えますし、同僚が気の毒で何とかしてあげたい、または仕事が滞って他の部署の人が困っているのを解消したいと思って手伝ったとすれば、思いやり目標による行動だと言えます。しかし、多くの場合は、様々な目標を同時に達成するべく、手伝ったと言えるでしょう。自己イメージ目標や思いやり目標以外の目標がある可能性もありますし、特に目標を意識せずに、何となくその場に居合わせて、手伝うことになった、ということもあります。思いやり目標も自己イメージ目標も、行動ではなく、その行動の背景にある意図や心がけのちがいとして捉える必要があります。

また、行動の結果を見て、それが思いやり目標によるものか、自己イメージ目標によるものかを判断することもできません。人のために良かれと思ってしたことが、かえって仇《あだ》になってしまうこともあります。逆に何もしないことが、人のためになることもあります。たとえば部下のために細かい指示を的確に出す上司がいるとします。おかげでその部下は大きなミスをすることもなく、他の部署に栄転することになりました。しかし、その部下は、上司の指示を待つことに慣れてしまい、新しい部署では使い物にならず、それ以降、昇進できないかも知れません。逆に、部下が失敗をしそうでも、手を出さずに見守る上司がいるとします。その部下は、様々なミスをして、なかなか昇進できません。しかし、困難を経験することで、やがて一人でも重要な判断が下せるようになるかも知れません。どちらの上司も、思いやり目標に基づいて行動しています（何もしないというのも、「見守る」という行動と考えられます）。最終的にどちらが部下のためになったのかよりも、どのような目標でそのような行動を選択したかが重要です。この例では、どちらの上司も思いやり目標をもって行動していたのであれば、これらの行動が自己イメージ目標によるものである場合よりは良い結果になっているはずです。

「思いやり目標の方が自己イメージ目標よりも好ましい」という話を聞くと、「思いやり目標をもたなくては」と思うようになります。また、「思いやり目標をもっている人の方が、自己イメージ目標をもっている人よりも優れている」と感じるようになります。そして、自分がいかに思いやり目標をもっているかを他者にアピールしたくなるようになるかも知れません。……しかし、もうお気づきのとおり、これは自己イメージ目標です。「思いやり目標をもっている」という自己のイメージを他者に与えようとしていることになります。人のために行動することはもちろん良いことですが、自己イメージ目標をもってそのような行動をとると、結局は自己にも他者にも良い影響はありません。

思いやり目標をもつ理由に注意が必要です。「思いやり目標をもった方がいい」「思いやり目標をもたなくてはいけない」と考えて行動しても、それは思いやり目標ではないかもしれません。頭で理解して行動すると、どうしても損得勘定が意思決定のプロセスの中に入ってきてしまいます。「人のためになりたいから、人のためになるようなことをする」には、頭で理解するだけでは不十分で、心で感じることが必要です。どのようにしたら思いやり目標をもてるようになるのかについては、最終章で詳しく述べることにします。

2　日本人の「思いやり」

朝の混雑した駅構内で、ある若い女性が躓《つまず》いて転びました。その女性はバツの悪そうな顔をしながら、ヨロヨロと立ち上がります。そんな時、あなたはどうするでしょうか。手を差し伸べるでしょうか。声をかけるでしょうか。それとも見なかったことにするでしょうか。

筆者も何度か人前で転んだことがありますが、いつも痛さよりも恥ずかしさの方が何倍も大きく、とにかく早くこの場を離れたいという気持ちに駆られます。痛かろうが、服が汚れようが、とにかくさっと立ち上がって、何事もなかったかのように取り繕おうとします。そんなこともあり、他の人が転んでいるのを見ると、「ああ、気の毒だなぁ」と思いつつ、見なかったことにしてあげようと、目を逸らしたりします。

また、学生時代の出来事ですが、失恋した友人が目を真っ赤に泣き腫らしたまま、朝の授業にやってきたことがありました。一晩中泣いたのだろうことは容易に想像できます。その友人は、平静を装って何事もなかったかのように「おはよう」と声をかけてきました。あなたなら、その友人に何と声をかけますか。

筆者はその友人のことが心配で、本当は「大丈夫？」と声をかけたかったのですが、「もしかしたら余計なお世話かも？」という迷いもあり、結局何事もなかったかのように「おはよう」と返し、当たり障りのない会話をしました。その人は精一杯強がって大学まで来たのだから、筆者が不用意な発言をして、授業前に大泣きされたら大変、という気持ちもありました。そして、これは「そっとしておく優しさ」なんだ、と自分で納得していました。お節介はかえって迷惑になってしまう、下手に手を出して傷口に塩を塗るよりは、そっと見守る方が良いと判断したのです。

確かにそっと見守ることが思いやりであることもあると思います。しかし、最近は、それが思いやりでないことも多くあるのではないかと感じるようになりました。一見、相手の立場に立って行動しているようでいて、実は自分が嫌われたり、恥をかいたりするリスクを避けているだけではないか、つまり、自己イメージ目標のために黙視しているのではないか、と思うのです。それを都合よく、あたかも相手のための思いやりであるかのように正当化しているだけではないか、と考えるようになりました。

転んでいる人に手を差し伸べても、おそらくは「大丈夫です」という返事が返ってくるでしょう。その時、せっかく勇気を出して手を差し伸べたのに、相手に拒絶されたような気がして、心が痛むかも知れません。転んだ人も必死ですから、きっと笑顔を返す余裕もなく、むすっとした顔のまま「大丈夫です！」と言うことでしょう。すると、「迷惑だった」「余計なお世話だった」と感じて、介入したことを後悔することになるでしょう。相手を助けようとすることは、実は自分にとって大変リスクのあることです。若者が電車で高齢者に席を譲れないのも、万が一、迷惑がられて恥をかきたくない、という自己イメージ目標が邪魔をしているのではないかと思います。

◎日本人は思いやりのある国民か

日本人は思いやりがある、と海外で耳にすることがあります。オリンピックの招致でも、日本が「おもてなしの国」であることをアピールしていました。日本の教育は、幼少期から思いやりを育てることに力を入れています。ニンジンが嫌いな子どもにニンジンを食べさせるために、「残したらニンジンさんがかわいそう」と言うのは、思いやり教育を重視している日本ならではと言われています。

しかし、日本人は思いやり目標が高いわけではありません。アメリカ人のデータと比べてみても、日本人の思いやり目標の平均値はほぼ同じでした。

では、日本人の中でも、他者との関係を重視している人は、思いやり目標をもつのでしょうか。

第1章で説明したように、日本人は**相互協調的自己観**をもつと言われています[35]。相互協調的自己観とは、日本で優勢と言われている自己に対する見方で、自己と他者は切っても切れない関係にあると考えます。自分とは誰か、と定義するときに、他者との関係性をもって自分を定義することが言われています。一方、アメリカ人に多く見られる**相互独立的自己観**とは、欧米社会、特にアメリカで優勢の自己観で、自己は他者から独立した、別個の存在であり、個人のもつ特性で自己を定義することが言われています。たとえば相互協調的自己観の強い日本人は、「○○会社の社員であり、○○部の主任であり、夫であり……」といった関係性の中に自分を定義しますが、相互独立的自己観の強いアメリカ人は、「外交的で、ユーモアがあって、おっちょこちょいだけど、責任感が強い」といった個人の特性で自分を定義する傾向があることがわかっています。

日本人に優勢の相互協調的自己観は、他者との関係を大事にしていることにつながると考えられるので、相互協調的自己観をもつ人ほど、思いやり目標をもつと考えられます。アメリカ人に優勢の相互独立的自己観は、自分を良く見せたいという自己高揚動機とつながると考えられるので、相互独立的自己観をもつ人ほど、自己イメージ目標をもつと考えられます。

しかし、**日本人の成人**を対象に**ウェブ調査**を行ったところ、結果は予測と異なりました。相互協調的自己観は、自己イメージ目標と強い相関があったのに対し、思いやり目標とは関係がありませんでした。これはどういうことでしょうか。

実は、相互協調的自己観には、他者からの評価を気にする**評価懸念**と、他者に自分を合わせる**親和・順応**という二つの側面があります[50]。相互協調的自己観をこれら二つに分けて詳しく見てみると、自己イメージ目標は「親和・順応」と「評価懸念」の両方と強い正の関係がありました。一方、思いやり目標は「親和・順応」と正の関係があるものの、「評価懸念」とは負の関係がありました。つまり、自己イメージ目標をもつ人は、他者に自分を合わせ、他者からの評価を気にするのに対し、思いやり目標をもつ人は、他者に自分を合わせるが、それは他者からの評価を気にしているからではないことがわかります。

それでは、相互独立的自己観との関係はどうでしょうか。相互独立的自己観は、相互協調的自己観とは反対の結果、つまり、思いやり目標と強い正の関係があるのに対し、自己イメージ目標とは関係がないという結果になりました。他者と自己を切り離して考える人ほど、思いやり目標が高いというのはどういうことなのでしょうか。

相互独立的自己観も、**個の認識・主張**と**独断性**の二つの側面があると言われています。「個の認識・主張」とは、自分を他者とは異なった存在として認識する傾向であり、「独断性」は自分の判断に基づいて決断する傾向です。自己イメージ目標は「個の認識・主張」と正の関係があるのに対し、「独断性」とは関係がありませんでした。一方、思いやり目標は、「個の認識・主張」とも、「独断性」とも正の関係がありました。思いやり目標をもつ人は、自分を他者から独立した存在であると捉えており、他者に影響を受けずに独断で行動するというのは、一見矛盾した結果のように思えます。思いやり目標をもつ人は、自己と他者を運命共同体として考えているのではなかったのでしょうか。

筆者は一見矛盾しているように見えるこの結果を、とても面白いと感じています。と言うのも、この結果は、思いやり目標をもつ人は、他者のことを大切に思っているものの、それは自己の一部としてではなく、あくまで他者として大切に思っているということを示しているからです。自分とは異なる存在である他者というものを認めて、それに対して思いやりを向けていることがわかります。また、思いやり目標をもつ人ほど、他者の意見に左右されずに、自分で決断し行動するという点も、他者の顔色をうかがって行動を決めるのではなく、他者にとって何がベストなのかを自分で判断して行動する、と解釈すれば、非常に合点のいく結果と言えます。

◎そっとしておかない

日本でよく耳にする「そっとしておく思いやり」というのは、実は本当の思いやりではないように思います。先ほどの例では、転んだ人に手を差し出さずに、そのまま足早で過ぎ去ってあげるのは、「そっとしておく思いやり」ではなく、余計なお世話だと思われたくない、恥をかきたくない、という自己イメージ目標による保身である可能性がありました。

そのような状況で、思いやり目標をもち、転んだ人に手を差し出すには、相手が自分の行動をどう思うかよりも、自分が相手のために何をしてあげたら良いと思うかに焦点をあてる必要があると言えます。相手が助けを求めた時は、自己イメージ目標をもっている人でも、思いやり目標をもっている人でも、同じように要求に応えるでしょう。しかし、相手が助けを求めていない時に、あえて手を差し伸べるのは、ある程度、独断が必要であるのだと思います。思いやり目標が「独断性」と正の関係があり、「評価懸念」と負の関係があるのも納得がいきます。

もちろん、親切の押し売りは思いやり目標とは言えません。相手のニーズを無視して、自分が気持ちいいから、という理由だけで親切をするのは、思いやりではありません。ひたすらお弁当を作り続ける恋人の例にあるとおりです。ですので、相手のニーズを的確に判断することがポイントとなります。

場合によっては相手よりも的確に相手のニーズを判断することが必要になるかも知れません。病院が嫌いな人は、脳血栓が疑われるような危険な状態にあっても、自分は大丈夫だ、病院には行かない、と言うかも知れません。でも、その人の家族は、おそらくその人を怒らせてでも検査に連れて行こうとするのではないでしょうか。「そっとしておくのが思いやり」などと言う人はいないと思います。

ただ、相手が本当はどうして欲しいのかがわからないこともよくあります。相手のために何がベストなのかがわからない。そんな時、私たちは「そっとしておくのが思いやり」だと判断しがちなのではないでしょうか。わからなければ、助けが必要かどうか尋ね、何が必要なのかを一緒に考えてあげればいいのですが、それをせずに、そっとしておいてあげてしまうのです。

「そっとしておく思いやり」は、ほとんどの場合は、思いやりではない、と筆者は感じています。厄介なことに巻き込まれたくない、余計なお世話だと思われたくない、相手を怒らせたくない、といった自分を守りたいという気持ちを、あたかも相手のためであるかのように偽っていることが多いからです。「そっとしておく思いやり」は、自己イメージ目標をもつ人が、困っている人に手を差し出す勇気がないときに、「薄情な人だ」と思われないために用いる方便であることが多いように思います。

私たちは普段から「思いやり」をもって行動しているつもりですが、本当に思いやり目標に根差している行動なのか考えてみると、相手のニーズを無視していたり、自分のニーズ（保身）を優先していたりすることが多々あるのではないでしょうか。

3　自己犠牲とのちがい

思いやり目標では、他者のニーズを考え、それを満たそうとしますが、それは自己のニーズを犠牲にすることとは異なります。人のために何かするのに、自己犠牲は必要ありません。しかし、日本では自己犠牲は尊いものとされているせいか、人のために行動することは、自己を蔑《ないがし》ろにすることで成り立つと思われているようです。武士道や特攻隊の名残りかも知れません。命の危険を顧みず、溺れた人を救出するために川に飛び込んだり、酔っ払って駅のホームから転落した人を助けようと線路に飛び込む人の話を聞いたり、母子家庭で母親が子どもの進学希望を叶えるために日夜必死で働いている様子を聞いたりすると、私たちは感動したり、賞賛したりします。それはとても立派なことだと思います。しかし、それは思いやり目標による行動とは限りません。

思いやり目標は、エコシステムの考えに基づき、自己と他者は互いに影響し合い、他者のニーズを満たすことが、やがて自己のニーズを満たすことになることを前提としています。それはつまり、自己のニーズが満たされなければ、他者のニーズも満たすことができないということでもあります。他者が不幸であれば、自分が幸福になれないのと同じように、自分が不幸であれば、他者も幸福にはなれないと考えます。

たとえば、プロジェクトの成功のために、寝る暇も惜しんで、昼夜仕事をしている人がいるとします。平日は、朝早くから仕事にでかけ、夜も遅くまで残業します。有給休暇が溜まっていても、仕事を優先して、休もうとしません。プロジェクトを成功させるためには、できる限りのことをしたいと思って頑張っているのでしょう。同じプロジェクトのメンバーも、その人のおかげで仕事がどんどん進み、ありがたいと思っていることでしょう。しかし、仕事を優先するあまり、十分な睡眠をとらず、風邪をひいても仕事を休まないとしたら、どうでしょうか。本人は自分を犠牲にしているという満足感が得られるかも知れませんが、チームのメンバーは感謝どころか、申し訳ない気持ちになるはずです。あるメンバーは自分の頑張りが足りないと引け目を感じてしまうかも知れません。万が一、その人が本当に体を壊して入院するようなことになってしまったら、プロジェクトはどうなるのでしょうか。その人なしで、プロジェクトは進められるでしょうか。プロジェクトの成功のために頑張っていたのにもかかわらず、チームの結束も、プロジェクトの成果も得られないまま終わってしまうかも知れません。自己犠牲を伴う思いやりは、長続きせず、また他者にもしわ寄せが出てくるので、真の思いやりとは言えません。

◎自分に対する思いやり

エコシステムは、他者に対して思いやりをかけるように、自分に対しても思いやりをもつことで成り立っています。「自分に対する思いやり」というのは、あまりピンとこないかも知れませんが、心理学では**セルフ・コンパッション（self-compassion）**の研究がここ十年で爆発的に増えています。ネフ(40)によると、セルフ・コンパッションとは、困難な状況において、苦しんでいる自分に対して優しさと思いやりをもって接する態度であるとしています。自分が失敗してしまった時や、落ち込んでいる時は、往々にして自分に厳しく接してしまいがちです。「何やってるんだ」「これじゃ全然だめだ」「もう一巻の終わりだ」と苦しんでいる自分にさらに追い打ちをかけるような冷たい言葉を投げかけてしまいます。しかし、友人が落ち込んでいる時、私たちは優しく接します。「辛かったね」「頑張ったね」「きっと良くなるよ」といった言葉をかけるでしょう。苦しんでいる友人に対する声掛けや接し方を、自分に向けたものがセルフ・コンパッションです。

364名の成人に対して行ったウェブ調査(42)では、セルフ・コンパッションは自己イメージ目標とは関係がなく、思いやり目標と正の関係があることが明らかになっています。強い相関ではありませんが、思いやり目標をもつ人ほど、自分に対しても思いやりを向けていることがわかります。

自分に対して思いやりをもつというのは、実はとても難しいことなのかも知れません。特に日本では、「自分に厳しく、他者に優しいこと」が美徳とされているので、自分に優しくすることが、どうしても「自分に甘い」というネガティブなイメージを伴います。自分に甘い人だと思われたくないために、必要以上に自分に厳しくしてしまうのかも知れません。

◎自分に甘い人とは違う

自分に対して思いやりをもつことは、自分に甘いこととは異なります。日本人大学生に「自分を思いやれる人」、または「自分に甘い人」について、印象を尋ねたところ、自分を思いやれる人に対しても、自分に甘い人に対しても、「自分に優しい」という印象をもつことがわかりました。しかし、それぞれが異なった印象を与えていることも明らかになっています。自分を思いやれる人の方が、困難は自分だけでなく、人として誰もが経験しうるものであると考えるだろうと評価され、また、**マインドフルネス（苦痛をありのままに受け止める傾向）**が高いという印象をもたれていました。

また、困難な状況において、「自分を思いやれる人」と「自分に甘い人」がそれぞれ自分に対してどのような声掛けをすると思うかを記述してもらったところ、「自分を思いやれる人」の方が、「この辛さを糧《かて》に頑張ろう」など自分を励まし、「頑張ったから少し休もう」などと休息を促し、「自分ならやり遂げられる」と自己効力感を高めたりすると思われていることが明らかになりました。一方、「自分に甘い人」は、「私は悪くない」などの責任逃れ、「誰かに助けてもらおう」といった他者頼み、「気楽に物事を考えよう」といった楽観視、「時間が解決してくれるだろう」といった現実逃避をすると思われていることが明らかになっています。これらの結果は、日本人が、自分への思いやりを単なる自分に対する甘えと捉えていないことを示しています。自分に対して思いやりをもったとしても、自分に甘いとは限らないのです。

◎弱さを見せるという思いやり

自分に対して思いやりをもつことは自分のためだけではありません。自分に対する思いやり（セルフ・コンパッション）があると、完璧な存在でない自分、弱さやズルさをもった不完全な自分をありのままに受け入れることができるようになります。自分の弱さやズルさを認め、それを他者に見せることは勇気のいることです。筆者は完璧主義者なので、自分ができないことをできないと認めることがなかなかできません。無理をしてでも、割り当てられた仕事はやらなくては、と思ってしまう傾向があります。「できません」と言うのも、「助けてください」と言うのも、自分の限界を認め、自分の弱さを他者に告白するようなものなので、ついつい見栄を張って「何とかします」と言ってしまいます。しかし、筆者が無理な仕事を引き受けたばっかりに、寝不足になって機嫌が悪くなったり、体調を崩したり、ミスをおかしたり、他の仕事に遅れが出たりすることがあります。家族にもしわ寄せが行ってしまうこともあります。自分が格好つけようとしたばかりに、自分だけでなく、周囲の人々も犠牲にしていることになります。自分に対して思いやりをもつことは、他者に対して思いやりをもつこととも密接に関わっていると言えます。

また、自分に対する思いやりがあると、自分の弱さや傷つきやすさを他者にさらけ出すことができるようになり、他者にとっても安全な空間を作り出すことができます。自分に厳しい人は、要求水準が高く、ストイックでカッコいいイメージがありますが、それは他者にとって脅威になることがあります。自分に厳しい人は、他者に対しても要求水準が高いと思われたり、他者を見下すのではないかと思われたりします。立派な人は憧れの対象にはなるかも知れませんが、困った時に悩みを聞いてもらいたい相手ではありません。同じような弱さを抱え、悩んだり失敗したりする人の方が、共感してくれたり理解してくれたりと、相談相手として適しているのです。思いやり目標をもって、他者をサポートしたいと思うのであれば、まずは自分のまとっている鎧《かぶと》を脱ぐことから始める必要があります。そのためには自分に対する思いやり、セルフ・コンパッションが必要です。自分に対して思いやりをもつことが、他者に対する思いやりにもつながるのです。

4　自己イメージ目標も必要

自己イメージ目標は、これまでの研究で悪いもののように扱われてきましたが、自己イメージ目標は時には必要であることを最後に強調したいと思います。他者にどう思われるかを全く気にしない人は、この社会では生きにくいはずです。他者に好かれ、能力があることをアピールする必要がある場面も多々あります。たとえば就職したいと真剣に思うのなら、面接官にできるだけ良い印象を与える必要があります。選挙で立候補したからには、自分がリーダーとしていかにふさわしいかを他者に認めてもらうための努力が必要です。自分が他者を指導する立場にあるなら、指導者としての威厳や権威を多少演出する必要があります。自己イメージ目標を持たないわけにはいきません。

エゴシステムに根差している自己イメージ目標には、これまで説明してきたような問題点が生じます。先ほどの就職の面接では、自分の有能さをアピールする際に、ほとんどの場合は、自分が認められたい、自分の自尊心を高めたい、このポストは自分が欲しい、といったように「自分」が焦点となります。これは第5章で述べたようにエゴシステムによる動機付けであり、自分が何を得て、何を得られないかというゼロサム的な考え方と密接な関わり合いがあります。そのために他者と競争関係になり、対人関係にも支障が出てしまいます。

しかし、エコシステムに根差した自己イメージ目標を追求することも可能です。面接場面で自己能力をアピールし、能力を認められようとするのは、自分のためだけでなく、家計を助けるためであることもあれば、会社の発展に貢献するため、ひいては社会に貢献するためであることもあります。医者になりたい人は、自分の能力を認めてもらえなければ、他者の健康に貢献することができません。このような場合、自己イメージ目標はもちろん自己の利益の追求にも関わっていますが、他者の利益も同時に追求することにつながっています。エコシステムに根差した自己イメージ目標であれば、他者との関係を阻害することはないと考えられています。

私たちはみな、自己イメージ目標と思いやり目標の両方の目標をもっています。二つの目標の相関も実は高いのです。他者と関わりたい、他者に何らかの影響を与えたいと思う人であれば、どちらの目標ももっています。思いやり目標がいいとわかっていても、思いやり目標だけをもつことはなかなかできません。社会の中で生きている以上、どうしても他者に評価される機会も多いですし、他者と競争することも多くあります。自己イメージ目標が強くなってしまうのは仕方がないことなのかも知れません。しかし、時々でも意識して思いやり目標をもつことで、自分自身、そして自分が関わる周りの人々に良い影響を与えることができるのであれば、たとえ小さくても、意味のある変化だと言えるでしょう。

Try it! ⑦

1 最近、誰かのために何かしてあげたときのことを思い出してください。

人に頼まれて何かしたのではなく、あなたが自発的に意識して、誰かのためにしてあげたことです。電車で人に席を譲ったことでも構いませんし、同僚の仕事を手伝ったことでも構いません。

あなたはなぜそのような行動をとったのだと思いますか。理由は複数あると思います。以下に書き出してください。

（　　　　　　　　　　）から。

（　　　　　　　　　　）から。

（　　　　　　　　　　）から。

（　　　　　　　　　　）から。

これらのうち、自己イメージ目標によるものはありますか。思いやり目標によるものはありますか。どちらの方が優勢だったと思いますか。

（　　　　　　　　　　）

2 自分を犠牲にしたと感じたことはありますか。あればその時のことを思い出してください。その時、どのような気持ちでしたか。その時、自己イメージ目標と思いやり目標、どちらが優勢だったと思いますか。

（　　　　　　　　　　）

3 自分に対する思いやりは、自己イメージの脅威になることがあります。どのような自己イメージに反するのでしょうか。

（　　　　　　　　　　　　　　　　　　　　　　　　　　　）

4 あなたに悪い出来事が生じた時に、あなたは何を考え、感じ、行動するかお尋ねします。いくつかの悪い出来事が表7-1に記載してあり、それぞれの出来事に対して、人々がよく行う四つの反応があげてあります。その出来事があなたに生じたと想像し、あなたならどのように反応するかを考えてください。四つの反応のうち、あなたが行う反応にもっとも近い反応を二つ選び、丸を付けてください。

表7－1　セルフ・コンパッション反応尺度

Q1　あなたはおろかな失敗をしてしまいました（二つ選んでください）。
A 「本当にばかだ」と自分を責めるだろう。
B その状況を改善する方法を考えるだろう。
C 今まで犯した他の間違いも全て思い出してしまうだろう。
D 「みんなおろかな間違いはするものだ」と自分に言い聞かせるだろう。

Q2　あなたの人生で、上手くいかないことが多々あります（二つ選んでください）。
A 「みんな時々人生で葛藤するものだ」と自分に言い聞かせるだろう。
B 他の人々から孤立したように感じるだろう。
C 「この世の中は私が苦しむようにできている」と考えるだろう。
D 自分に対して優しく振る舞うだろう。

Q3　ほとんどの人が簡単にできることであなたは苦戦しています（二つ選んでください）。
A 自分が人として失格だと感じるだろう。
B 自分のことを厳しく評価するだろう。
C 「みんな何かしら苦労することがある」と考えるだろう。
D そのことで悩みすぎないようにするだろう。

Q4　けがや病気のために、あなたはしたいことができません（二つ選んでください）。
A 自分の気持ちが晴れる方法を考えるだろう。
B 「なぜいつも自分は悪い目にあうのだろうか」と思うだろう。
C 「このようなことは誰にでも起こることだ」と思うだろう。
D もはや希望がないように感じるだろう。

［宮川・谷口（2016）］

実際のセルフ・コンパッション反応尺度は8問あるのですが、ここでは4問を抜粋してあります。各問いには、以下のように、セルフ・コンパッション反応が二つずつありました。
〔セルフ・コンパッション反応　　Q1：BとD　Q2：AとD　Q3：CとD　Q4：AとC〕
それぞれを1点として加算してください。たとえば、Q1でBとDを選択したら、どちらもセルフ・コンパッション反応なので、1＋1＝2点、CとDを選択したら、Dのみがセルフ・コンパッション反応なので、1点となります。4問ありますので、最終的には0～8点となります。得点が高いほど、自分に対する思いやりがあることになります。

第8章　幸せに向かって一歩踏み出す

自己評価への執着から解放されるためには、思いやり目標をもつことが有効であることを述べてきましたが、ではどのようにしたら思いやり目標をもてるのでしょうか。厄介なことに、思いやり目標は頭で理解して、理性的にもとうと思っても、もてるものではありません。心から人の幸福に貢献したいと感じることではじめてもてる目標だと言われています。この章ではまず、どのような時に思いやり目標が高まるのかについてまとめ、それをヒントにして、思いやり目標を高めるための方法を紹介します。

1　思いやり目標が高まる

カネベロとクロッカー[10]の研究では、**大学新入生のルームメイトのペアに調査**に協力してもらい、12週間にわたりお互いの目標がどのように変化したかを調べています。その結果、ルームメイトの一人が思いやり目標をもつと、相手のニーズに対して敏感に対応するようになり、そのことを相手も認識するようになり、相手の思いやり目標も高くなることがわかっています。一人のもつ目標がもう一人のもつ目標に影響するという結果は、学期の前後で比較した分析でも、週ごとの変化を追った分析でも同様に得られています。

思いやり目標の高い人と接していれば、自分の思いやり目標も高くなることがわかります。自分のニーズに反応してくれる人が周りにいれば、自分のニーズが満たされるとともに、相手のニーズも満たしてあげたいと思うようになり、それが思いやり目標となります。

一方で、この研究ではルームメイトの一人が自己イメージ目標をもつと、相手のニーズに鈍感になり、相手もそのことを認識するようになり、それが相手の自己イメージ目標を強める傾向があることも示されています。幸いにも、相手への自己イメージ目標への影響は、思いやり目標への影響ほど強くなく、分析によっては影響がないという結果になることもありました。人は自己イメージ目標をもつ相手とは距離をとるようになり、相手からの影響を受けないようにするのかも知れません。

この結果を見ると、思いやり目標を高めるための方法の一つは、すでに思いやり目標をもっている人のいる環境に身を置くことだと言えます。他力本願のような方法ですが、私たちはどのような人と交流するかで大きく変わります。職場、友人、恋人など、つきあう相手を選べるような場合は、思いやり目標の高い人を選ぶようにすることも念頭においておく必要があるでしょう。

2　思いやり目標を高める――ワークショップ

職場やつきあう相手を選ぶということは、なかなか難しいことも事実です。自分が思いやり目標をもてないのは、人のせいだ、環境のせいだ、ということにもなってしまいます。クロッカーらの研究の主張は、「自分が変われば、人との関係も改善できる」というものですし、エコシステムも「まずは自分から」という考え方が根本にあります。ではどのように「自分から」思いやり目標をもてるようになるのでしょうか。

実は手早く簡単に思いやり目標を高めるための方法は未だわかっていません。自己の能力をどのようにアピールし、どのようにすれば、他者に認められ、好かれるのかについては、競争社会に生まれ育っていくうちに、自然と身についてくるように思います。自己イメージ目標をもっている状態が私たちの通常の姿なのかも知れません。このような日常の中で、あえて思いやり目標をもつにはどうしたらいいのでしょうか。

クロッカーらは、エコシステムとエゴシステムのアイデアは、もともとは「ラーニング・アズ・リーダーシップ」というワークショップから得たものだとしています。数日間にわたり、グループで話し合いながら、普段の行動や思考パターンから自己の内面を分析し、自分が、どのような自己イメージを追求しているのか、そのことによって自己と他者が受ける利益や弊害は何か、などについて、深く深く追究していく内容だそうです。そのワークショップは数日間、泊まりがけで朝から晩までみっちりと行われるそうです。

これらのワークショップの参加者は、自分の弱さと向き合うことで、自分の行動の多くは、自ら選び取った行動ではなく、自分の弱さをカバーするための反応（reaction）であるということを悟ります。自分の弱さを他者に気づかれないようにするため、または自分の強さを他者に認めてもらうためにとった行動は、いわば弱さに対する反応でしかない、ということに気がつくと言います。つまり、自分の行動の多くは、自分の弱さに支配され、牛耳られていることになります。

自尊心への執着や自己イメージの追求から解放されるためには、自分が本当は何を望んでいるのかを明らかにする必要があります。「そこにあるもの」に対して反応すること（reacting）をやめ、「そこにないもの」を作り上げること（acting, creating）へと意識を変える必要があります。ワークショップでは、自分が本当に望んでいるのは、自分も他者も幸せになることであり、自己のニーズも、他者のニーズも同時に満たすことができることを学びます。自己と他者が互いにニーズを満たし合えるような、そんな満ち足りた関係を作るためには、まずは自分が他者のニーズを満たす必要があり、それは自分の心がけ次第で実現できることに気がつくと言います。

しかし、このようなワークショップはお金も時間もかかり、誰もが体験できることではありません。筆者も何度か誘われましたが、資金やスケジュールの問題、そして少しだけ勇気が足りなかったために、未だに参加したことがありません。

幸いにもクロッカー先生がワークショップの内容を、当時大学院生だった筆者たちに紹介してくださり、それで疑似体験をすることができました。そこで感じたのは、頭で理解することと、心で理解するのでは大きな隔たりがあるということです。人から言われて、「思いやり目標がいいらしい」と理解し、いざ思いやり目標を掲げてみても、頭で理解しただけでは、一歩、外を歩くとたちまち自己イメージ目標に飲み込まれてしまいます。「こうすべきだ」と考えることは、自己イメージ目標に近すぎるのだと思います。もっと長期的に、または根本的に思いやり目標をもつためには、心の中のギアを「こうすべきだ」から「こうしたい」というモードに切り替える必要があると感じています。

クロッカー先生のもとで疑似体験したワークショップを簡略化したものをご紹介します。筆者は自分のゼミで、学生たちと心のギアを切り替えるこの取り組みを毎年試みています。一人でやることもできますが、他者と共にやる方が効果があるようです。全員が全員うまくいくとは限りませんが、多くの学生が何かを感じ取り、何らかの変化を見せてくれています。**次にその具体的な方法について記します。**一人でもできますが、職場の同僚やパートナーと一緒にやり、思ったこと、発見したことを共有した方が思いがけない発見もあるので、お勧めします。

3　思いやり目標を高めるためのステップ

(1) 十分な時間を確保する

心のギアを切り替えるために、まず重要なのが十分な時間を確保することです。ワークショップのように数日間とまでは言いませんが、「時間に追われない時間」を作ることが第一歩です。どれだけ忙しくても、電話もメールも切り、全ての仕事、全ての「やらなくてはいけないこと」を中断します。そこで作った時間は、自分の心と向き合うことだけに使います。実際の時間は1時間でも、ほんの15分でも構いません。ただ、時間が短いと「15分しかない」という焦りが出てしまい、さらに「15分後にはあれをして、これをして」と雑念が入ってきてしまうので、時間に追われないだけの十分な時間を確保した方が無難です。

（2）安全な環境を作る

次に、自己イメージ目標をシャットアウトできる安全な環境を作ります。ゼミで行う場合、学生はどうしても「間違った発言をしたくない」「先輩として恥をかきたくない」「生意気だと思われたくない」、などの自己イメージ目標が強くなる傾向があります。しかし、自分の弱さと向き合うためには、自己イメージ目標は邪魔になります。そこで、この場では誰もが人の発言を馬鹿にしないこと、批判しないこと、アドバイスしないこと、そしてこの場にいない第三者には決して他言しないことを約束させます。私たちは他者からフィードバックを受けると、それがたとえ良かれと思って与えられたアドバイスであっても、防衛的になってしまいます。より良いフィードバックをもらうべく、自己イメージ目標が発動してしまいます。ですので、自己分析をした結果を互いにシェアするときも、他者の発言にフィードバックはせずに、ただそれを聴いて受け止めることを求めます。

「ただ聴く」というと、受け身のような印象を与えるかもしれませんが、人の発言を百パーセントの注意を向けて聴くということは、積極的に意識しないとできないことです。何か別なことを考えながら発言を聴くのではなく、百パーセント聞くのです。そのためには「心の中の雑談」のスイッチを切る必要があります。「心の中の雑談」とは、頭の中で浮かんでは消える会話、または声に出さない独り言です。「あの人は話す時に目がキョロキョロしておかしい」とか「次は私の番だろうか、手を挙げないといけないだろうか」とか、「今日のお昼は何にしよう」など、私たちの頭は放っておくとすぐに心の中の雑談でいっぱいになります。しかし、これらの心の中の雑談が生じたらすぐにそれを切って、他者の発言に全注意を向けます。心の中の雑談は互いに聞こえるわけではありませんが、各自が心の中の雑談を切る努力をすると、全体的に支援的な雰囲気になり、発言しやすくなります。発言者は「自分はどう思われているんだろう」とか、「自分の発言はつまらないだろうか」などの心配をする必要もなくなり、自己イメージ目標を抑えることができます。

(3) 自分の嫌なところ、変えたいところを一つ特定する

安全な環境が整ったら、普段の生活で感じる自分の嫌なところ、変えたいところ、困っているところを紙に書き出します。紙はできるだけ多く用意し、片面だけに記入するようにします。最後に全ての用紙を広げて、全体を俯瞰できるようにするためです。自分の嫌なところが複数ある場合は、思いつくものを全てリストアップし、その中から特に気になるものを一つ特定します。この時に、本当に自分が困って何とかしたいと思っていること、自分の嫌だと思っていることを書くようにします。筆者は意思が弱くてダイエットが続かなくて困っていますし、スリムになりたいと思っていますが、痩せられなくて本当に嫌かというと、実はそうでもなかったりします(痩せられたらいいなぁという願望はありますが、仕方がないと諦めている部分もあり、それほど困っているわけではありません)。また、「人の意見に流されやすい」ことが嫌だと言っていても、そのことで対人関係をうまく保っているという自負がある場合は、本当に自分の嫌なところではないかも知れません。ここでは、人に指摘された問題点ではなく、本当に自分で嫌だと思っている点について考え、それを書き出します。

リストアップしたものの中から特に自分の嫌なところを一つ特定したら、なぜそれが嫌だと感じるのか、

なぜ変えたいと思っているのかについて、思いつくまま書き出します。自分がどのように感じるか、どのような「心の中の雑談」をしているかについても考えます。頭の中で思い浮かべるだけでなく、実際に文字にして書き出すようにしてください。その方が客観的に自分の状態を見ることができます。

たとえば、筆者は人前で話したり、発表したりする時にとても緊張するのが嫌で、堂々とリラックスしながら発表できたらいいのにと思っています。発表の前日あたりから、徐々に緊張が高まり、当日は早く目が覚めてしまいます。本番では緊張のあまり、言いたいと思っていることの半分も言えなかったり、余計なことを言ってしまったりすることがあり、そのような時は必ず後から「あの時、ああすればよかった……」と後悔の念に苛まれます。また、原稿をもつ手が震えてしまったり、声が上ずってしまったりするのですが、そのことを他の人に悟られてしまうのが嫌でたまりません。「笑われるのではないだろうか、くだらないと思われるのではないか」という心の中の雑談が繰り返されるほか、「早く終わって楽になりたい」という気持ちも強くなります。「教師のくせに、人前で満足に話せないのか」と思われるのではないかと思うと、ますます緊張するという情けないありさまです。

全員が自分の嫌いなところ、変えたいところを一つ特定できたら、発表しても構わないという人にだけ発表してもらいます。格好の悪い自分、弱い自分を他者に打ち明けるのはとても勇気がいることですが、一度打ち明けてしまうと、自己イメージ目標がなくなるのでかえって好都合です。どんなに情けない自分でも、打ち明けてみると多くの人が同じような問題を抱えていることに気がつき、それだけでも気持ちが楽になるはずです。

（4）自分にとっての不利益について考える

次に、それが自分にとって、どんな不利益があるのかについて考えます。ここでいう「不利益」とは、自分にとって損だと思うこと、そのせいで被る損害や強いられる犠牲、心理的・物理的負担など全てを含みます。これもたくさんあるはずなので、十分な時間をかけてリストアップし、可能な限り、グループ内で発表し合います。先ほどの筆者の緊張の例では、「緊張して嫌な気分になる」「本来の能力を発揮できない」「準備の時間をかけすぎて他の仕事が進まない」「ゆっくり寝られない」「胃が痛くなる」「発表後も後悔が続いて、次の仕事への切り替えができない」などがあります。また、緊張して十分な議論ができなければ、他者から有意義なコメントが受けられず、学びの機会を失うことにもなります。

(5) 自分にとっての利益について考える

自分が嫌で変えたいと思っているような行動・習慣でも、なかなか変えられないのが現実です。すぐに直せるようなものであれば、ここで書き出すまでもないはずです。変えたいと思っているのに変えられないのは、それは自分にとって、何かしら利益があるからです。ここでいう「利益」とは、自分にとって何かしら好都合なこと、役に立つこと全てを含みます。百害あって一利なし、と思うような事柄でも、よくよく考えると必ず何か一つは利益が見つかります。これらを全て紙に書き出してください。ただ、利益を見つけるのが難しいこともあります。10分くらい考えて、それでもどうしても見つからない場合は、とりあえず次のステップに進んでください。グループ内で共有することで、後からふと思いつくこともあります。

筆者は、発表の前後で「緊張しています」「緊張しました」と言うことで、発表の出来を緊張のせいにすることができるという利益があることに気が付きました。発表中におかしな発言をしても、それは緊張して本来の能力が発揮できなかったため、という言い訳ができます。質問にうまく対応できなくても、それも緊張のせいだと言えます。また、緊張していることを周囲の人に事前にアピールすることで、筆者を窮地に陥れるような意地悪な発言や難しい質問をしないよう釘を刺しておくこともできます。「緊張して困る」と言いながらも、緊張は自分にとって好都合な一面もありました。

ここまでくると、自分がなぜそのようなことをしてしまうのかが見えてきます。たいていの場合、自己イメージ目標が絡んでいます。筆者の場合は、有能であることを他者にアピールしたい気持ちがあり、その結果、自分が他者にどう評価されているか、他者が自分に対してどのような反応をしているかが過剰に気になり、そのせいで緊張がさらに高まるということがわかりました。しかし、その緊張もセルフ・ハンディキャッピングとして都合よく機能しているため、有能だと評価されたいという自己イメージ目標をもてばもつほど緊張するものの、緊張すればするほど無能であるという評価を避けるという目標を達成できるという悪循環に陥っていました。自分にとって不利益があっても、それ相応の利益を得ていたことに気が付きました。

(6) 他者にとっての不利益について考える

しかし、自分の嫌なところは、自分にとって不利益があるばかりでなく、他者にとっても様々な不利益をもたらします。次のステップでは、他者にどのような迷惑をかけているのか、どのような損を与えているのかについて考え、これらも別の紙に書き出します。自分のせいで周りの人が被る損失についてでも構いませんし、自分のせいで他者が得られなかった利益についてでも構いません。

筆者の場合は、緊張して発表すると筆者の発表に本当に興味をもって聞きに来てくれた人たちに十分な情報が伝わらないという不利益が発生します。忙しい中、わざわざ時間を作って聞きに来てくれた人がいたとしたら、なおさら申し訳ないことになってしまいます。筆者の発表をヒントにして、もしかしたら素晴らしい研究が生まれたかも知れないのに、筆者がその可能性をつぶしてしまっているかも知れません。筆者の研究の多くは科学研究費という資金を国からいただいて行っているのですが、それは元はと言えば国民の税金から出ている資産です。それを使わせていただいて行った研究の発表が、聞きに来てくださった人たちに伝わらなければ、研究費を独り占めして、他者には全く還元できていないことになってしまいます。これは人の役に立つだろうという期待をこめていただいた研究資金を、人の役に立てずに横領しているようなものです。また、筆者が極度に緊張しているせいで、その場にいる人たちに気を使わせてしまっているかも知れません。さらに、発表前日からピリピリとイライラが募るせいで、家族にも悪影響が出ているように思います。

ところで、他者に強いているこれらの不利益は、「他者の」不利益と言い切れるでしょうか。発表を聞きに来てくれた人に内容が伝わらず、その人たちがコメントを控えるようになれば、それは筆者の損失でもあります。人の役に立つ機会を失うということは、自分自身の損失でもあります。家族に不憫な思いをさせていては、自分も幸せにはなれません。また、自分が有能であるという自己イメージ目標のせいで緊張して発表して、本当に有能という自己イメージを他者に与えることができるでしょうか。聴衆は発表から得るものがないと感じれば、結局は筆者に対する評価を下げるはずです。こう考えてくると、他者の不利益は自分の不利益に直結しているのだということに気が付きます。

(7) 自分でどうしたいかを選択をする

最後にこれまで書き出してきた事柄の全ての用紙を、大きな机、または床の上に並べて、全体を眺めます。自分の行動には利益と不利益があります。その利益は不利益に見合うだけのものかを考えます。自分の嫌なところは、自分ではどうしようもない、と思いがちですが、それは十分な情報がないまま、何となくそのような行動をとっているだけかも知れません。このまま不利益を被り続けてもいいと思うのか、これをやめたいと思うのか考えます。

自分の不利益と利益にだけ着目している場合は、「やめたいけど、やめられない」または「やりたいけど、やれない」と感じるかも知れませんが、他者の不利益まで含めて考えた場合は、「やめたい、やめなくては」、

「やりたい、やらなくては」と感じるようになるはずです。**自分のために自分を変えるのは難しくても、他者のためとなれば、難しくても達成する必要が出てくる**ことがあります。

最終的に、自分が気になっていた問題は、実は問題ではなかったという結論に達することもあります。必ずしも変えるべきものとも限りません。

筆者は今でも大事な発表の前は緊張して心臓が口から飛び出しそうになります。しかし、誰のための発表なのかについて考えることで、緊張を少し和らげられるようになりました。人を感心させるためではなく、来てくれた人に何かしら有意義な情報を提供したいという気持ちで発表に臨むようにしています。自己イメージ目標よりも、思いやり目標をメインにしようと心がけています。筆者の提供する情報が役に立つと思ってもらえれば嬉しいですし、内容に意味がないと思われてしまっても、それは自分の能力に対する評価ではなく、その人が必要としている情報ではなかったと解釈することができるようになりました。発表者としての筆者の役割は「与えること」であり、それは人からフィードバックや良い評判などの「何かを得ること」よりも重要だと考えています。

前記のワークショップのどの時点で思いやり目標にスイッチが入れ替わるのかは定かではありません。しかし、これまでも、ほとんどの学生が頭で「思いやり目標をもった方がいい」と思うのではなく、心から「思いやり目標をもちたい」と思うようになっています。

Try it! ⑧

本文139頁にあるステップ（3）以降で用いる質問をまとめました。それぞれの質問に十分に時間をかけて回答してください。すぐに回答を思いつかなくても、5分ほどかけると、思いつくことが出てくるはずです。実際に「書く」という行為が、考えをまとめる上で重要な工程ですので、回答は頭の中だけでなく、文字にしていってください。

1 普段の生活の中で感じる自分の嫌なところ、変えたいところ、困っているところは何ですか。人に指摘された問題点ではなく、自分自身が困っていると感じる問題点を思いつくまま書き出していってください。

（　　　　）
（　　　　）
（　　　　）

右にリストアップした問題点の中で、最も気になるものを一つ選んでください。それはあなたにとって、なぜ問題なのですか。なぜそれを嫌だと思うのですか。何が心配なのでしょうか。その問題が生じる時、あなたはどのように感じますか。

（　　　　）
（　　　　）
（　　　　）

2 その問題は、あなたにとってどんな不利益がありますか。そのせいで被る心理的・物理的負担を全て書き出してください。

3 その問題は、あなたにとってどんな利益がありますか。その問題があなたにとって、好都合だったり、役に立ったりすることはありませんか。

（　　　　　　　　　　　　　　　　　　　　　　　　）
（　　　　　　　　　　　　　　　　　　　　　　　　）
（　　　　　　　　　　　　　　　　　　　　　　　　）

4 その問題は、他者にどのような不利益をもたらしますか。その問題のせいで、他者が強いられている心理的・物理的な負担や、得られない恩恵はありませんか。

（　　　　　　　　　　　　　　　　　　　　　　　　）
（　　　　　　　　　　　　　　　　　　　　　　　　）
（　　　　　　　　　　　　　　　　　　　　　　　　）

5 右記1〜4の回答を読み直してみてください。1で挙げた問題を解決する必要はありますか。

（　　　　　　　　　　　　　　　　　　　　　　　　）
（　　　　　　　　　　　　　　　　　　　　　　　　）
（　　　　　　　　　　　　　　　　　　　　　　　　）

おわりに

先日、息子の小学校で講演会がありました。区の学校教育支援センターの先生による、「子どもたちの自尊心を育てよう」といった内容の講演会で、筆者も行ってきました。親が条件なしでありのままの子どもを受け入れることで、子どももありのままの自分を受け入れられ、失敗しても挫《くじ》けず、困難にも挑戦し、人にも親切にできるような子どもになる、といったお話でした。とても納得のいく素晴らしいものでしたが、一つ気になったことがありました。

育てたいのは本当に「自尊心」なのだろうか、自尊心は育てるべきものなのだろうか、育てようとして育つものなのだろうか、という点です。

親がすべきことは子どもの自尊心を育てることではなくて、子どものニーズを正確に把握し、それを満たしてあげることなのではないか、と感じたのです。

たとえば、子どもが「一人でやる！」と言っていることに対しては、たとえ一人でうまくできていなくても、応援の要請があるまでは手を出さずに見守る。これは、自律性（autonomy）のニーズを満たすことです。これまでできなかったことに成功した時、それがどんなに些細なことであっても、「よかったね、できるようになったね」と共に喜んであげる。これは有能性（competence）のニーズを満たすことです。そして、子どもがどんな失敗をしても、どんな悪さをしても、子どもに対する愛情は毅然ともち続ける。これは関係性（relatedness）のニーズを満たすことに他なりません。講演会で先生がおっしゃっていたことは、子どもたちは、自分のニーズがしっかり満たされれば、成長するにつれ、他者のニーズを満たすことのできる人間、他者のニーズを満たしてあげたいと思うことのできる人間になる、ということだったのだと思います。

そこに「自尊心」という概念をもち込む必要はないように思われます。「自尊心」は育てるものではない、というのが筆者の考えです。自尊心はあった方がいいし、ないと困るのは事実です。しかし、自尊心そのものを到達目標としてしまうと、弊害が多すぎることは本書で述べたとおりです。

自尊心のパラドックスをライアンとブラウン[46]はこのように表現しています。

それがない時はそれを必要だと感じ、それがある時はそれを必要としない。

If you need it, you don't have it, and if you have it, you don't need it.

自尊心を追求しているうちは、自尊心は高まりません。しかし、自尊心の追求を断念すれば、いつの間にか自尊心は自分に備わってくるものだと言えます。

本書を書いている最中、筆者の心の中には多くの迷いがありました。読者に面白いと思ってもらえるだろうか、時間の無駄だと思われないだろうか、内容がないと言われないだろうか、文章がくどいと批判されないだろうか……。書いているときにいつも自己イメージ目標が頭を支配し、いっそのこと、書くのをやめた方が良いのでは、と思うこともありました。

本の出来とともに、自分自身がどのように評価されるかも気になって仕方がありませんでした。思いやり目標をもつことで幸せになれると書いているのに、自分自身を振り返ると、ちっとも思いやり目標をもてていないことに気がつき、何度も落ち込みました。「自分でもできないくせに」と言われたらどうしよう、という不安が常につきまとっていたのです。

それでも、最後まで書くことができたのは、オハイオ州立大学のジェニファー・クロッカー教授の存在があったからです。クロッカー教授には、筆者がミシガン大学の大学院に留学した時から大変お世話になっています。本書で紹介した筆者の研究の多くは、クロッカー先生との共同研究であり、自己イメージ目標と思いやり目標というアイデアもクロッカー先生のものです。筆者が「自尊心と思いやり目標に関する本を書きたい」と打ち明けると、力強く背中を押してくださいました。クロッカー先生は日本語が読めません。それでも筆者に自由に書かせてくださったことに感謝いたします。

誠信書房の松山由理子さんにも大変お世話になりました。不安でいっぱいの時にかけてくださった「内容が面白いです」の一言が何よりも心の支えとなりました。また、できるだけ多くの方に読みやすくするためのアドバイスをたくさん頂戴いたしました。本当にありがとうございました。

思いやり目標をもつことは簡単ではありません。そして筆者自身も思いやり目標をもつことが得意ではありません。執筆中ですら、自己イメージ目標にがんじがらめになっていたくらいです。しかし、一日のうちにたったの一回でも思いやり目標をもつことができたら、自分も他者も幸せに近づけると信じています。本書を最後まで読んでくださったみなさんが、一年のうちにたった一回でも思いやり目標をもってくだされば、より住みやすい世の中になっていくのだろうと信じています。

恥も批判も覚悟で、一石を投じます。

From reacting to creating.

平成二十九年二月

著者

引用文献

(1) Aknin, L. B., Hamlin, J. K., & Dunn, E. W. (2012) Giving leads to happiness in young children. *Plos ONE, 7*(6), e39211.

(2) Aknin, L. B., Barrington-Leigh, C. P., Dunn, E. W., Helliwell, J. F., Burns, J., Biswas-Diener, R., Nyende, P., Ashton-James, C. E. & Norton, M. I. (2013) Prosocial spending and well-being: Cross-cultural evidence for a psychological universal. *Journal of Personality and Social Psychology, 104*(4), 635–652.

(3) Argyris, C. (1991) Teaching smart people how to learn. *Harvard Business Review, 4*, 4-15.

(4) Bachman, J. G., & O' Malley, P. M. (1977) Self-esteem in young men: A longitudinal analysis of the impact of educational and occupational attainment. *Journal of Personality and Social Psychology, 35*(6), 365–380.

(5) Baumeister, R. F., Campbell, J. D., Krueger, J. I., & Vohs, K. D. (2003) Does high self-esteem cause better performance, interpersonal success, happiness, or healthier lifestyles? *Psychological Science in the Public Interest, 4*(1), 1–44.

(6) Baumeister, R. F., Heatherton, T. F., & Tice, D. M. (1993) When ego threats lead to self-regulation failure: Negative consequences of high self-esteem. *Journal of Personality and Social Psychology, 64*(1), 141–156.

(7) Bond, M. H., Leung, K., & Wan, K. C. (1982) The social impact of self-effacing attributions: The Chinese case. *Journal of Social Psychology, 118*(2), 157–166.

(8) Brockner, J., & Lloyd, K. (1986) Self-esteem and likability: Separating fact from fantasy. *Journal of Research in Personality, 20*(4), 496–508.

(9) Buhrmester, D., Furman, W., Wittenberg, M. T., & Reis, H. T. (1988) Five domains of interpersonal competence in peer relationships. *Journal of Personality and Social Psychology, 55*(6), 991–1008.

(10) Canevello, A., & Crocker, J. (2010) Creating good relationships: Responsiveness, relationship quality, and interpersonal goals. *Journal of Personality and Social Psychology, 99*(1), 78–106.

(11) Crocker, J., & Canevello, A. (2008) Creating and undermining social support in communal relationships: The role of compassionate and self-image goals. *Journal of Personality and Social Psychology, 95*(3), 555–575.

(12) Crocker, J., & Canevello, A. (2012) Consequences of self-image and compassionate goals. In P. G. Devine & A. Plant (Eds.), *Advances in Experimental Social Psychology*, 229–277. New York: Elsevier.

(13) Crocker, J., Canevello, A., Breines, J. G., & Flynn, H. (2010) Interpersonal goals and change in anxiety and dysphoria in first-semester college students. *Journal of Personality and Social Psychology, 98*(6), 1009–1024.

(14) Crocker, J., Luhtanen, R. K., Cooper, M. L., & Bouvrette, A. (2003) Contingencies of self-worth in college students: Theory

and measurement. *Journal of Personality and Social Psychology, 85*(5), 894-908.

(15) Crocker, J., Olivier, M., & Nuer, N. (2009) Self-image goals and compassionate goals: Costs and benefits. *Self and Identity, 8*(2-3), 251-269.

(16) Crocker, J., & Park, L. E. (2003) Seeking self-esteem: Construction, maintenance, and protection of self-worth. In M. Leary & J. Tangney (Eds.), *Handbook of Self and Identity*, 291-313. New York: Guilford Press.

(17) Crocker, J., Sommers, S. R., & Luhtanen, R. K. (2002) Hopes dashed and dreams fulfilled: Contingencies of self-worth and graduate school admissions. *Personality and Social Psychology Bulletin, 28*(9), 1275-1286.

(18) Crocker, J., & Wolfe, C. T. (2001) Contingencies of self-worth. *Psychological Review, 108*(3), 593-623.

(19) Deci, E. L., & Ryan, R. M. (1985) The general causality orientations scale: Self-determination in personality. *Journal of Research in Personality, 19*(2), 109-134.

(20) DeLongis, A., Folkman, S., & Lazarus, R. S. (1988) The impact of daily stress on health and mood: Psychological and social resources as mediators. *Journal of Personality and Social Psychology, 54*(3), 486-495.

(21) Diener, E., & Diener, M. (1995) Cross-cultural correlates of life satisfaction and self-esteem. *Journal of Personality and Social Psychology, 68*(4), 653-663.

(22) Dunn, E. W., Aknin, L. B., & Norton, M. I. (2008). Spending money on others promotes happiness. *Science, 319*(5870), 1687-1688.

(23) Dweck, C. S. (2006) *Mindset: The new psychology of success.* New York, NY, Random House.

(24) Forsyth, D.R., & Kerr, N.A. (1999, August) Are adaptive illusions adaptive? Poster presented at the annual meeting of the American Psychological Association, Boston, MA.

(25) 藤井勉・上淵寿（2010）「潜在連合テストを用いた暗黙の知能観の査定と信頼性・妥当性の検討」『教育心理学研究』58巻3号、263-274頁

(26) Greenberg, J., Solomon, S., Pyszczynski, T., Rosenblatt, A., Burling, J., Lyon, D., & Pinel, E. (1992) Why do people need self-esteem? Converging evidence that self-esteem serves an anxiety-buffering function. *Journal of Personality and Social Psychology, 63*(6), 913-922.

(27) Hansford, B. C., & Hattie, J. A. (1982) The relationship between self and achievement/performance measures. *Review of Educational Research, 52*(1), 123-142.

(28) Heatherton, T. F., & Vohs, K. D. (2000) Interpersonal evaluations following threats to self: Role of self-esteem. *Journal of Personality and Social Psychology, 78*(4), 725-736.

(29) Heine, S. J., Lehman, D. R., Markus, H. R., & Kitayama, S. (1999) Is there a universal need for positive self-regard?

Psychological Review, 106(4), 766–794.

(30) Hofmann, W., Gawronski, B., Gschwendner, T., Le, H., & Schmitt, M. (2005) A meta-analysis on the correlation between the implicit association test and explicit self-report measures. *Personality and Social Psychology Bulletin, 31*(10), 1369–1385.

(31) Kuster, F., Orth, U., & Meier, L. L. (2013) High self-esteem prospectively predicts better work conditions and outcomes. *Social Psychological and Personality Science, 4*(6), 668–675.

(32) Layous, K., Lee, H., Choi, I., & Lyubomirsky, S. (2013) Culture matters when designing a successful happiness-increasing activity: A comparison of the United States and South Korea. *Journal of Cross-Cultural Psychology, 44*(8), 1294–1303.

(33) Leary, M. R., & Baumeister, R. F. (2000) The nature and function of self-esteem: Sociometer theory. In M. Zanna (Ed.), *Advances in Experimental Social Psychology,* 1–62. San Diego, CA: Academic Press.

(34) Leary, M. R., Tambor, E. S., Terdal, S. K., & Downs, D. L. (1995) Self-esteem as an interpersonal monitor: The sociometer hypothesis. *Journal of Personality and Social Psychology, 68*(3), 518–530.

(35) Markus, H. R., & Kitayama, S. (1991) Culture and the self: Implications for cognition, emotion, and motivation. *Psychological Review, 98*(2), 224–253.

(36) Marshall, S. L., Parker, P. D., Ciarrochi, J., & Heaven, P. C. L. (2014) Is self-esteem a cause or consequence of social support? A 4-year longitudinal study. *Child Development, 85*(3), 1275–1291.

(37) Maruyama, G. M., Rubin, R. A., & Kingsbury, G. G. (1981) Self-esteem and educational achievement: Independent constructs with a common cause? *Journal of Personality and Social Psychology, 40*(5), 962–975.

(38) Mauss, I. B., Savino, N. S., Anderson, C. L., Weisbuch, M., Tamir, M., & Laudenslager, M. L. (2012) The pursuit of happiness can be lonely. *Emotion, 12*(5), 908–912.

(39) 村本由紀子（2010）「心の文化差――異文化間比較の視点」池田謙一・唐沢穣・工藤恵理子・村本由紀子（編）『社会心理学』395–416頁、有斐閣

(40) Neff, K. D. (2003) Self-compassion: An alternative conceptualization of a healthy attitude toward oneself. *Self and Identity, 2*(2), 85–101.

(41) Nelson, S. K., Layous, K., Cole, S. W., & Lyubomirsky, S. (2016) Do unto others or treat yourself? The effects of prosocial and self-focused behavior on psychological flourishing. *Emotion, 16*(6), 850–861.

(42) 新谷優（2016）「改良版思いやり目標と自己イメージ目標尺度の開発」『心理学研究』87巻5号、513–523頁

(43) Niiya, Y., Ballantyne, R., North, M. S., & Crocker, J. (2008) Gender, contingencies of self-worth, and achievement goals as predictors of academic cheating in a controlled laboratory setting. *Basic and Applied Social Psychology, 30*(1), 76–83.

(44) Niiya, Y., Crocker, J., & Mischkowski, D. (2013) Compassionate and self-image goals in the United States and Japan. *Journal of Cross-Cultural Psychology, 44*(3), 389-405.
(45) Orth, U., & Robins, R. W. (2014) The development of self-esteem. *Current Directions in Psychological Science, 23*(5), 381-387.
(46) Ryan, R. M., & Brown, K. W. (2003) Why we don't need self-esteem: On fundamental needs, contingent love, and mindfulness. *Psychological Inquiry, 14*(1), 71-76.
(47) Solomon, S., Greenberg, J. and Pyszczynski, T. (1991). A terror management theory of social behavior: The psychological functions of self-esteem and cultural worldviews. In M. Zanna (Ed.) *Advances in Experimental Social Psychology,* 93-159. New York: Academic Press.
(48) 鈴木直人・山岸俊男（2004）「日本人の自己卑下と自己高揚に関する実験研究」『社会心理学研究』20巻1号、17－25頁
(49) Tafarodi, R. W., & Swann Jr., W. B. (1995) Self-liking and self-competence as dimensions of global self-esteem: Initial validation of a measure. *Journal of Personality Assessment, 65*(2), 322-342.
(50) 高田利武（2000）「相互独立的－相互協調的自己観尺度に就いて」『奈良大学総合研究所所報』８号、１４５－１６３頁
(51) Tice, D. M., & Baumeister, R. F. (1997) Longitudinal study of procrastination, performance, stress, and health: The costs and benefits of dawdling. *Psychological Science, 8*(6), 454-458.
(52) Tracy, J. L., & Robins, R. W. (2007) Emerging insights into the nature and function of pride. *Current Directions in Psychological Science, 16*(3), 147-150.
(53) 内田由紀子（2008）「日本文化における自己価値の随伴性——日本版自己価値の随伴性尺度を用いた検証」『心理学研究』79巻３号、２５０－２５６頁
(54) Yamaguchi, S., Greenwald, A. G., Banaji, M. R., Murakami, F., Chen, D., Shiomura, K., & Krendl, A. (2007) Apparent universality of positive implicit self-esteem. *Psychological Science, 18*(6), 498-500.

図表出典

表1-1 Rosenberg, M. (1965) *Society and the Adolescent Self-Image.* Princeton, NJ: Princeton University Press.［山本真理子・松井豊・山成由紀子訳（1982）「認知された自己の諸側面の構造」『教育心理学研究』30巻1巻、64－68頁］

表2-1 Crocker, J., Luhtanen, R. K., Cooper, M. L., & Bouvrette, A. (2003) Contingencies of self-worth in college students: Theory and measurement. *Journal of Personality and Social Psychology, 85*(5), 894-908.［内田由紀子訳（2008）「日本文化における自己価値の随伴性——日本版自己価値の随伴性尺度を用いた検証」『心理学研究』79巻3号、２５０－２５６頁］

図2-1、図2-2 Crocker, J., & Park, L. E. (2012) Contingencies of self-worth. In M. R. Leary and J. P. Tangney (Eds.), *Handbook of Self and Identity* (2nd ed.), 309-326. New York. NY: Guilford Press.

図3-1 Niiya, Y., Crocker, J., & Bartmess, E. N. (2004) From vulnerability to resilience: Learning orientations buffer contingent self-esteem from failure. *Psychological Science, 15*(12), 801-805.

図3-2、表3-1 新谷優・クロッカー（2007）「学習志向性は失敗が自尊心に与える脅威を緩衝するか」『心理学研究』78巻5号、504-511頁

表3-2 Hong, Y., Chiu, C., Dweck, C. S., Lin, D. M. S., & Wan, W. (1999) Implicit theories, attributions and coping: A meaning system approach. *Journal of Personality and Social Psychology, 77*, 588-599.〔及川昌典訳（2005）「知能観が非意識的な目標追及に及ぼす影響」『教育心理学研究』53巻1号、14-25頁〕

表4-1 Strube, M. J. (1986) An analysis of the self-handicapping scale. *Basic and Applied Social Psychology, 7*, 211-224.〔沼崎誠・小口孝司訳（1990）「大学生のセルフ・ハンディキャッピングの2次元」『社会心理学研究』5巻1号、43-49頁〕

図4-2 Niiya, Y., & Crocker, J. (2008) Mastery goals and contingent self-worth: A field study. *Revue Internationale de Psychologie Sociale, 21*(1-2), 135-154.

図4-3、図4-4、図4-5、図4-6 Niiya, Y., Brook, A. T., & Crocker, J. (2010) Contingent self-worth and self-handicapping: Do incremental theorists protect self-esteem? *Self and Identity, 9*(3), 276-297.

表6-1 新谷優（2016）「改良版思いやり目標と自己イメージ目標尺度の開発」『心理学研究』87巻5号、513-523頁

表7-1 宮川裕基・谷口淳一（2016）「日本語版セルフコンパッション反応尺度（SCRI-J）の作成」『心理学研究』87巻1号、70-78頁

著者紹介

新谷　優（にいや　ゆう）

1976年生まれ
1998年　国際基督教大学教養学部卒業
2001年　東京大学大学院人文社会系研究科修士課程修了
2006年　ミシガン大学大学院心理学部博士課程修了
現　在　法政大学グローバル教養学部教授
　　　　Ph.D（社会心理学）
専　攻　社会心理学・文化心理学

自尊心《じそんしん》からの解放《かいほう》
――幸福《こうふく》をかなえる心理学《しんりがく》

2017年4月10日　第1刷発行
2022年2月10日　第2刷発行

著　者　新　谷　　優
発行者　柴　田　敏　樹
印刷者　田　中　雅　博

発行所　株式会社　誠　信　書　房
〒112-0012　東京都文京区大塚3-20-6
電話03（3946）5666
http://www.seishinshobo.co.jp/

印刷／製本：創栄図書印刷(株)
ISBN 978-4-414-30010-9 C1011

イラストレート
人間関係の心理学
第2版
齊藤 勇 著

思いやりはどこから来るの？

利他性の心理と行動

日本心理学会 監修
髙木 修・竹村和久 編

なぜ人は他人を思いやるのか？思いやりという人間特有の感情の謎を、心理学、工学、理学、医学の一線で活躍する専門家が解き明かす。

目次
第１章　思いやりはビジネスにも活かされている
第２章　思いやりはどんな場面で現れやすいのか
第３章　企業の思いやりと人助けの行動
第４章　思いやりはどのように獲得されるか
第５章　思いやりと共感
　　　　──本当の思いやりはあるのか
第６章　思いやり行動を取る心の動き
第７章　思いやりの進化論的基盤
　　　　──階層淘汰による利他的行動の創発
第８章　進化学から見た思いやり
第９章　脳神経科学から見た思いやり

A5判並製　定価（本体2000円＋税）

ポケットブック 影響力の武器

仕事と人間関係が変わる２１の心理学

N・ゴールドスタイン／S・マーティン／R・B・チャルディーニ 著
安藤清志 監訳
曽根寛樹 訳

影響力の武器シリーズに、持ち運びにも便利なポケット版が誕生。21の短いセクションに仕事や人間関係で便利な心理学を凝縮した。

主要目次
1　与える
2　交換する
3　プレゼントを贈る
4　協力する
5　一呼吸置く
6　譲歩する
7　知ってもらう
8　認める
9　頼む
10　会話する
11　人間味を添える
12　好かれる
13　褒める／他

B6変判並製　定価（本体1300円＋税）